Marion Lemper-Pychlau

Erziehen mit natürlicher Autorität

HERDER spektrum

Band 5568

Das Buch

Eltern brauchen Autorität. Anders ist Erziehung nicht möglich. Zu ihren Aufgaben gehört es, ihren Kindern Orientierung zu geben, ihnen Grenzen zu setzen und Forderungen zu stellen. Sie müssen zugleich die nötige Stärke besitzen, um ihren Kindern ein Gefühl von Sicherheit und liebevollem Aufgehobensein in dieser Welt zu vermitteln.

Natürliche Autorität auszuüben, bedeutet vor allem, die eigene Rolle als Eltern anzunehmen. Im Idealfall brauchen Eltern nicht mit Belohnungen zu locken, mit denen sie Kinder zu erwünschtem Verhalten verführen. Und sie brauchen auch nicht mit Strafen zu drohen, weil sie ihre Kinder wirklich überzeugen. Eltern mit natürlicher Autorität werden in ihrer Rolle von den Kindern anerkannt, sie werden gehört und ernst genommen, weil die Kinder ihnen vertrauen.

Dazu braucht es kein angelerntes Verhalten. Es geht darum, die natürlichen Eigenschaften von Eltern zu stärken. Natürliche Autorität entsteht aus Sachkompetenz, sozialer Kompetenz und innerer Stärke. Wie dies konkret umzusetzen ist, zeigt Marion Lemper-Pychlau in diesem Buch. Natürliche Autorität schafft Vertrauen und Bindung. Und sie stärkt das Selbstvertrauen von Eltern und Kindern.

Die Autorin

Marion Lemper-Pychlau, Dipl. psych., Familientrainerin, führt Seminare u. a. zu den Themen Emotionale Intelligenz und Kommunikation durch, sie arbeitet als Coach in eigener Praxis und ist Mutter von vier Kindern. Autorin zahlreicher Bücher, u. a. Kinder brauchen Disziplin.

Marion Lemper-Pychlau

Erziehen mit natürlicher Autorität

Ohne Machtkämpfe und Druckmittel mit Kindern leben

HERDER

FREIBURG · BASEL · WIEN

Gedruckt auf umweltfreundlichem,
chlorfrei gebleichtem Papier

Originalausgabe

www.herder.de
Satz: Dtp-Satzservice Peter Huber, Freiburg
Herstellung: fgb · freiburger graphische betriebe 2006
www.fgb.de
Umschlaggestaltung und Konzeption:
R·M·E München / Roland Eschlbeck, Liana Tuchel
Umschlagmotiv: © Gettyimages
ISBN-13: 978-3-451-05568-3
ISBN-10: 3-451-05568-6

Inhalt

Vorwort

So …

Der kleine Julian befindet sich mitten im Trotzalter. Die Mutter hat wenig Erfahrung mit trotzenden Kindern. Wenn Julian seine Grenzen erkundet, wenn er immer wieder mit herausforderndem Blick genau das tut, was sie ihm gerade verboten hat, wenn er tobt und schreit, sobald sie ihn dazu bringen möchte, etwas zu tun, worauf er keine Lust hat – dann ist die Mutter ratlos. Schließlich weiß sie sich nicht anders zu helfen und wendet Gewalt an: Sie gibt ihm einen Klaps auf den Po. Und neulich, als er vor ihren Augen absichtlich seinen Saftbecher auf dem Parkettboden ausgekippt hat, da hat sie vollends die Beherrschung verloren und ihn geohrfeigt. Danach ist es ihr nicht gut gegangen, sie hat sich elend gefühlt und sich die schlimmsten Vorwürfe gemacht. Noch Tage später schämt sie sich dafür, ihre körperliche Überlegenheit gegenüber dem Zwerg ausgenutzt zu haben; er tut ihr leid. Sie zweifelt an sich, an ihren mütterlichen Qualitäten und hat jeden Tag Angst, ihr Sohn könne sie erneut vor eine Situation stellen, in der sie die Beherrschung verliert.

Der achtjährige Adrian tut, wozu er Lust hat, und lässt sich von seinen Eltern nichts sagen. Sie schimpfen und drohen, sie bitten und argumentieren. Doch daran hat sich Adrian längst gewöhnt, er hört gar nicht mehr richtig hin. Neulich gab es ein gewaltiges Donnerwetter, weil Adrian den Bogen überspannt hatte. Der Vater war so wütend, dass Adrian für kurze Zeit wirklich beeindruckt war. Zur Strafe für Adrians Verhalten hat der Vater ein zweiwöchiges Computer- und Fernsehverbot verhängt. Aber Adrian kümmert sich nicht darum. Er besucht nachmittags seine Schulfreunde und kann dort fernsehen oder den Computer benutzen. Als die Eltern davon erfahren, fühlen sie sich hilflos. Wie sollen sie ihn disziplinieren? Die Mutter sieht mit Bangen der Pubertät entgegen und malt sich in Gedanken schon aus, wie ihr Sohn sich dem elterlichen Einfluss schließlich vollständig entziehen und zum Drogen konsumierenden Schulschwänzer werden wird.

... oder so?

Als ich am späten Nachmittag von der Arbeit nach Hause komme, haben meine Kinder die Küche längst in Ordnung gebracht. Alles ist sauber gewischt, die Lebensmittel sind in die Schränke zurück geräumt, das schmutzige Geschirr steht im Spüler. Sophie sitzt in der Küche und zeichnet, Helen telefoniert mit einer Freundin. Wir begrüßen uns liebevoll und erzählen einander vom Tag. Während ich das Abendessen zubereite, leisten mir die Kinder Gesellschaft, und Helen bietet mir ihre Hilfe an. Später erinnere ich die Mädchen daran, Klavier zu üben und sich um die Haustiere zu kümmern. Daraufhin steht Helen auf, um sich ans Klavier zu setzen, und Sophie berichtet, sie und ihre Schwester hätten die Tiere bereits versorgt.

Zu dick aufgetragen? Nein, dieser kurze Blick in den Alltag entspricht der Realität; es handelt sich dabei keineswegs um eine Filmszene aus „Unsere kleine Farm" oder den „Waltons". Diese Art von Situation ist für Eltern grundsätzlich herstellbar, und Sie können sich dafür entscheiden. Es gibt viele Tage, an denen es bei uns genau so läuft, wie hier beschrieben. Dennoch sind wir keine Bilderbuchfamilie, und die oben beschriebene Situation erfährt durchaus gewisse Variationen: Dann ist die Küche einmal nicht aufgeräumt, ein andermal ersinnen die Mädchen alle möglichen Ausreden, um nicht Klavier üben zu müssen, u.s.w. Aber immer kann ich sie mit meinem Anliegen erreichen, und wenn ich beispielsweise einmal in der Küche Hilfe brauche, kann ich mich darauf verlassen, sie auch zu bekommen. Auf diese Weise verläuft der Alltag angenehm, und es kommt nur selten zu Energieverlusten durch Reibung. In der Regel einigt man sich schnell, jeder nimmt die Bedürfnisse der anderen Familienmitglieder ernst, jeder ist an einer guten Beziehung zu den anderen interessiert. Das gilt sogar für diejenigen unter uns, die einander emotional nicht besonders nahe stehen (was in einer sechsköpfigen Familie natürlich vorkommt).

Wenn wir uns für ein Kind entscheiden, dann haben wir in der Regel Bilder davon im Kopf, wie das Leben mit Kind wohl aussehen mag. Diese Bilder sind selbstverständlich positiv, sonst würden wir uns ja anders entscheiden. Möglicherweise erinnern wir uns dabei an unsere eigene Kindheit oder an besonders glückliche Momente aus unserem Leben. Oder wir denken an wundervolle Kinderbilder und -szenen aus Werbespots und Spielfilmen, wo wir bezaubernde kleine Engel vorgeführt bekommen, die liebevoll ihren Eltern entgegenlaufen, um sie in zärtlicher Umarmung das Elternglück so richtig intensiv spüren zu lassen. Manche von uns träumen von Szenen, die so ganz anders ablaufen als die eigenen Kindheitserlebnisse. Alles wollen wir besser machen als unsere Eltern. Unser Kind soll es gut haben im Leben. Nur nicht die alten Fehler wiederholen, die die Eltern an uns selbst begangen haben! Diesmal wird alles gut werden, wir wissen ja nun Bescheid, worauf es ankommt, nicht wahr?

Ich wette, niemand der sich gerade für ein Kind entscheidet, denkt dabei an schreiende Kleinkinder, die bei dem kleinsten Anlass die Fassung verlieren, brüllen, toben, die Eltern beißen und treten. Niemand denkt an nervtötende Auseinandersetzungen mit Kindern, die ihre Sachen nicht aus dem Weg räumen wollen, ihre Eltern ätzend finden, sie als Saurier bezeichnen und mit einer Vielzahl ähnlicher Schmeicheleien bedenken. Niemand träumt von dem Schmerz, den die Kinder uns zufügen, wenn sie alles ablehnen, was von uns kommt, nicht weil es an sich schlecht ist, sondern aus dem einfachen Grunde, dass es von *uns* kommt, weil sie nun einmal eigene Wege erkunden und gehen müssen. Niemand malt sich aus, welche Angst wir um unsere Kinder ausstehen, wenn sie unseren Rat missachten und sich in Gefahr bringen, weil sie sich unbedingt in der Gefahr erproben wollen, weil sie ihre Kräfte testen müssen. Und niemand macht sich bewusst, wie er empfinden wird, wenn sein Kind später einmal verabredete Zeiten nicht einhält, und er in größter Sorge zu Hause sitzt und darüber grübelt, was wohl passiert sein könnte.

Wenn wir mit diesen Dingen konfrontiert werden, sind die meisten von uns nicht ausreichend vorbereitet. Es trifft uns wie ein Donnerschlag, und wir tun in solchen Situationen nicht immer das Klügste. Woher sollten wir auch wissen, was überhaupt das Klügste ist? Und wenn wir schließlich etwas falsch gemacht haben, wird die Situation oft noch schwieriger, die Aufgabe noch größer.

So mancher Erwachsene versucht die Situation dann zu retten, indem er zum Mittel der Machtanwendung greift. Er droht und bestraft, lockt und belohnt. Das funktioniert auch eine ganze Weile. Kinder tun, was wir von ihnen erwarten, wenn wir ihnen eine tolle Belohnung in Aussicht stellen. Und wenn wir überzeugend genug drohen, ordnen sie sich uns unter. Eine Weile jedenfalls. Aber der Preis dafür ist hoch. Ein Kind, das sich nicht aus freien Stücken so verhält, wie die Erwachsenen das wünschen, zeigt Regungen und Verhaltensweisen, die von den Erwachsenen mit Sicherheit nicht beabsichtigt waren:

- In vielen Fällen nimmt das Kind es übel, zu etwas gezwungen worden zu sein, das es nicht wollte. Es ist wütend, schwört sich, es den Erwachsenen heimzuzahlen, und tut heimlich doch, was es selbst will.

- In anderen Fällen unterwirft sich das Kind den Erwachsenen. Es reagiert wie ein dressiertes Tier und gibt es auf, seinen Kopf durchzusetzen. Es ist angepasst und macht keine Schwierigkeiten, doch bleiben dabei leider auch seine Lebensfreude und Eigeninitiative auf der Strecke. Das Kind verhält sich passiv und abwartend. Es möchte nicht riskieren, das Missfallen der Erwachsenen zu erregen.
- Schließlich gibt es noch die Kinder, die der unangenehmen Situation ausweichen. Sie gehen den Erwachsenen aus dem Weg, flüchten in eine Phantasiewelt oder in die Musik und entziehen sich gegebenenfalls den Einflussversuchen der Erwachsenen, indem sie ihnen etwas vorlügen. Sie legen es vor allem darauf an, Situationen zu vermeiden, in denen die Erwachsenen sie zwingen, etwas zu tun, was sie nicht wollen.

Auch für die Erwachsenen können sich Folgen ergeben, die in der Hitze des Gefechts meist unbedacht bleiben:

- Für sie entsteht ein gewaltiger Aufwand an Zeit und Energie. Denn sie müssen jetzt das Verhalten der Kinder ständig kontrollieren. Da die Kinder zu dem betreffenden Verhalten gezwungen wurden, handeln sie nicht aus Überzeugung und werden ihr Verhalten bei der ersten sich bietenden Gelegenheit ändern. Die Erwachsenen müssen also die Augen ständig offen halten und hinter den Kindern her sein.
- Und dann ist da noch das Problem mit dem natürlichen Machtverlust: Solange die Kinder klein sind, können wir sie zu fast allem zwingen. Denn als Erwachsene haben wir über alles, was für die Kinder von Bedeutung sein kann, die Kontrolle, und unsere Kinder sind von uns abhängig. Wir können sie nach Lust und Laune belohnen und bestrafen. Aber dann werden sie älter und können zunehmend selbst dafür sorgen, das zu bekommen, was

sie haben wollen. Wir sehen das an dem obigen Beispiel: Für den achtjährigen Adrian gibt es viele Möglichkeiten, fernzusehen oder am Computer zu sitzen. Er hat genug Freunde, und wenn seine Eltern ihm den Computer oder das Fernsehen verbieten, wirkt diese Strafe nicht mehr. Es ist ganz natürlich, dass wir Erwachsenen mit der Zeit unsere Macht über die Kinder verlieren. Deshalb wäre es ein großer Fehler, würden wir unsere elterliche Autorität auf diese Machtmittel bauen. Wir benötigen etwas anderes, etwas, das sich nicht mit der Zeit verbraucht.

Um dieses andere geht es im vorliegenden Buch: erziehen mit natürlicher Autorität. Diese Art der Erziehung ist eine Frage der Persönlichkeit. Sie kennen das sicher aus der Schule: Bei manchen Lehrern ist die Klasse außer Rand und Band, bei anderen hingegen sitzen alle lammfromm und hoch konzentriert da und folgen dem Unterricht. Auf den ersten Blick lässt sich der Unterschied zwischen diesen Lehrern nicht unbedingt erkennen. Aber sie haben eine unterschiedliche Ausstrahlung und darauf reagieren die Kinder. Wie kommt man zu einer Ausstrahlung, die den Kindern natürlichen Respekt abverlangt? Und machen denn diese Personen nicht auch manchmal etwas falsch? Muss man so perfekt sein wie diese professionellen Erzieher, um ein guter Vater/eine gute Mutter zu sein?

Selbstverständlich müssen wir als Erwachsene im Umgang mit Kindern nicht alles richtig machen. Dies zu wollen wäre in der Tat völlig unrealistisch. Wir begehen immer wieder Fehler, so sehr wir uns auch darum bemühen, alles so gut wie möglich zu machen. Auch meine Kinder machen mir von Zeit zu Zeit Vorwürfe, weil sie mit meinem Verhalten unzufrieden sind, weil mein Verhalten ihren Bedürfnissen nicht genügend gerecht wird. Und in stillen Stunden kommt es vor, dass ich darüber grüble, ob ich nicht manchmal zu großzügig war, ob ich einem meiner Kinder die Zügel nicht doch zu lang gelassen habe … Ich gebe zu, es gibt immer wieder Situationen, in denen ich einfach nicht weiß, was richtig ist. Dann gibt es nur eins: Ich muss eine Möglichkeit ausprobieren, mit dem Risiko, dass ich hinterher feststelle, eine falsche Entscheidung getroffen zu haben.

So ist das mit der Erziehung von Kindern. Die Frage kann nicht lauten: Wie vermeide ich Fehler in der Erziehung? Fehler sind allein schon deswegen vorprogrammiert, weil wir die meisten unserer Entscheidungen auf der Grundlage von Unwägbarkeiten treffen. Die Frage muss vielmehr lauten: Wie muss ich es anstellen, dass ich meine Kinder so gut wie möglich erziehe, obwohl ich doch weiß, dass ich nicht alles richtig machen kann? Welche Art von Person muss ich sein, damit ich meine Erziehungsaufgabe so gut wie möglich erledige? Die Antwort, die ich Ihnen mit diesem Buch geben möchte, lautet: Es kommt auf drei Dinge an.

1. Wir müssen über *Wissen* verfügen. So darf uns zum Beispiel die Trotzphase eines Kindes nicht wie ein Blitz aus heiterem Himmel treffen. Wir sollten vorher schon über das informiert sein, was zur natürlichen Entwicklung eines jungen Menschen gehört, sollten kindliches Verhalten einschätzen können und dem entsprechend zu angemessenen Reaktionen in der Lage sein.

2. Wir müssen uns dessen bewusst sein, dass wir Kinder überhaupt nur dann erziehen können, wenn wir Einfluss auf sie haben. Und Einfluss ist unmittelbar von der Art unserer *Beziehung* zu ihnen abhängig. Es gilt also, unsere Beziehung zum Kind immer im Auge zu behalten. Sie muss so gestaltet sein, dass unser Einfluss nicht verloren geht. Die Beziehung muss Auseinandersetzungen verkraften können, muss Enttäuschungen überstehen und es aushalten, dass man manchmal böse aufeinander ist. Vieles gehört dazu, damit das gelingen kann: Vertrauen zum Beispiel, auch gegenseitiger Respekt, Disziplin oder kommunikatives Geschick. Mit der Frage, wie man eine

solche Beziehung gestalten und aufrechterhalten kann, beschäftigt sich das zweite Kapitel.

3. Um den Herausforderungen gewachsen zu sein, die die Erziehung eines Kindes nun einmal mit sich bringt, benötigen wir *Reife*. Natürlich besitzt wohl kaum jemand von Beginn an die nötige Reife. So kommt es, dass wir gleichzeitig mit unseren Kindern reifen. Wir wachsen selbst an den Herausforderungen, vor die sie uns stündlich stellen. Wir lernen genau wie sie, wenn auch unsere Lektionen einen anderen Akzent haben. Damit dieser Lernprozess erfolgreich verläuft, habe ich im dritten Kapitel eine Übersicht über die Eigenschaften und Verhaltensweisen erstellt, die uns dazu verhelfen, die nötige Reife und Persönlichkeit zu entwickeln. Vieles gehört dazu, wenn wir unseren Kindern ein wahrhaft erwachsenes Gegenüber sein wollen. Erziehung ist immer Arbeit an sich selbst.

Mit Kindern zu leben, ihnen eine rundum gute Erziehung angedeihen zu lassen, stellt sicher eine der größten Herausforderungen im Leben eines Menschen dar. Dabei gibt es Phasen, die uns schwierig vorkommen, in denen wir manchmal nicht wissen, was wir tun sollen. Das ist normal und darf sein. Denn wir sind, ebenso wie unsere Kinder, Teil eines Entwicklungsprozesses. Es liegt in unserer Hand, ob wir uns darauf einlassen oder uns immer an dieselben alten Verhaltensmuster klammern wollen. Diese Entwicklung wird auf jeden Fall anstrengend und herausfordernd. Aber wir werden dabei selbst Vieles lernen und zugleich unseren Kindern dabei helfen, die besten Menschen zu werden, die sie sein können. Vor allem aber: Wir werden uns lebendig fühlen. Mit meinem Buch möchte ich einen Beitrag dazu leisten, dass Sie den gemeinsamen Entwicklungsprozess mit Kindern nicht nur so erfolgreich, sondern auch so leicht und freudvoll wie möglich gestalten können.

Was ist natürliche Autorität?

Auf die Beziehung kommt es an

Jeder Tag mit unseren Kindern bringt unzählige Situationen mit sich, in denen wir in irgendeiner Form reagieren müssen. Jede dieser Reaktionen enthält eine wichtige Botschaft an das Kind. Wenn wir versuchen sollten, solchen Situationen auszuweichen, so ist auch dies eine Reaktion, denn auch Nicht-Handeln enthält eine Botschaft.

Ein Beispiel kann dies verdeutlichen: Ihr Kind mag das Mittagessen nicht, das Sie gekocht haben, und lässt es unberührt auf dem Teller liegen. Stattdessen holt es sich einen Schokoriegel aus dem Schrank, und Sie sagen nichts dazu. Ihr Schweigen, Ihr Nicht-Reagieren enthält die klare Botschaft: Es ist in Ordnung, eine Mahlzeit durch Schokoriegel zu ersetzen. Und es steckt sogar noch mehr darin: Ihr Schweigen gibt dem Kind zu verstehen, dass Sie keine sonderlich hohe Meinung von Ihren Kochkünsten haben und man das Produkt Ihrer Bemühungen getrost ignorieren darf. Das Kind lernt durch Ihr Schweigen also nicht nur etwas über das Thema Ernährung, sondern auch etwas über Sie. Das Kind bekommt ein bestimmtes Bild von Ihnen, das auf längere Sicht Ihre gesamte Beziehung beeinflussen wird. Schweigen bzw. etwas nicht zur Kenntnis nehmen hat Auswirkungen auf der Sach- wie auch auf der Beziehungsebene.

An diesem Beispiel können wir sehen, wie wirkungsvoll und nachhaltig sich unser Tun für unsere Kinder auswirken kann und dass es im Grunde kein Nicht-Reagieren gibt. Alles, was wir tun oder unterlassen, ist bedeutsam, alles hat Folgen. Nichts ist einfach nur dahin gesagt, nichts inhaltslos. Wir haben die Verantwortung sowohl für das, was Kinder von uns lernen, als auch für die Gestaltung unserer Beziehung zu ihnen. Beides hängt eng zusammen. Denn was wir auf der Sachebene kommunizieren, nehmen die Kinder unterschiedlich auf, je nachdem, in welcher Beziehung wir zu ihnen stehen. Dazu ein Beispiel: Stellen Sie sich vor, eine Mutter ist mit der Erziehung ihres zehnjährigen Kindes überfordert und schreit es oft an. Dann legt sich das Kind mit der Zeit ein dickes Fell zu und geht innerlich auf Abstand zur Mutter. Spätestens in der Pubertät ist es für die Botschaften, die seine Mutter ihm lautstark vermittelt, taub. Angenommen, das Kind hätte eine Tante, die geduldig und liebevoll ist. Und nehmen wir weiter an, Mutter und Tante wollten beide das Beste für das Kind und würden ihm dieselbe Botschaft vermitteln (z. B.: „Es ist wichtig, dass du deine Hausaufgaben sorgfältig erledigst."). Wer von beiden hat Ihrer Meinung nach die größeren Chancen, das Kind mit dieser Botschaft zu erreichen? Von wem wird sich das Kind wohl eher etwas sagen lassen? Beide Frauen drücken dasselbe aus, beide haben mit ihrer Botschaft Recht, beide verfolgen dieselbe gute Absicht. Dennoch werden die Worte der Mutter vermutlich am Kind abprallen, während das Kind die Worte der Tante ernst nimmt.

Die Beziehung, die wir zu unseren Kindern entwickeln, bestimmt darüber, ob wir als Eltern einen guten Job machen. Egal, wie gut wir es meinen, ganz gleich, wie Recht wir mit unseren Worten haben: Es ist die *Beziehung* zu unseren Kindern, die darüber entscheidet, ob eine Botschaft ankommt und nützlich ist. Auch die klügsten und hilfreichsten Lektionen fruchten nichts, wenn wir die Beziehung zu unseren Kindern nicht gut gestaltet haben.

Wir können also festhalten:

1. Es ist unmöglich, *nicht* zu reagieren. Alles, was wir sagen oder tun, stellt ebenso wie alles, was wir *nicht* sagen oder *nicht* tun, eine Botschaft an das Kind dar.
2. Diese Botschaft hat immer zwei Seiten: Sie enthält eine Aussage auf der Sach- wie auch auf der Beziehungsebene.

3. Wie die Botschaft auf der Sachebene aufgenommen wird, hängt ganz davon ab, welcher Art die Beziehung zwischen Kind und Erwachsenem ist. Die Beziehung, die Sie zum Kind aufbauen, entscheidet, ob und inwieweit Sie es beeinflussen können und was das Kind von Ihnen lernt.

Beispiele aus dem Alltag – Was hätten Sie getan?

Haben Sie Lust auf einen kleinen Test? Im Folgenden stelle ich Ihnen ein paar Alltagssituationen mit Kindern vor, in denen die Erwachsenen unterschiedlich reagieren. Sehen Sie sich die einzelnen Reaktionen an und prüfen Sie sie im Hinblick auf folgende Aspekte:

a) Welche Botschaft vermittelt der jeweilige Erwachsene dem Kind auf der Sachebene? Was ist der Inhalt dieser Botschaft?

b) Wie gestaltet er durch seine Reaktion die Beziehung zum Kind? Was lernt das Kind aufgrund seiner Reaktion über ihn und die Beziehung zu ihm?

Wenn Sie diese Fragen für sich beantwortet haben, dann kreuzen Sie einfach die Reaktion an, die Ihnen am besten gefällt. Los geht's!

Situation 1

Eine Familienszene im Wohnzimmer: Die Großeltern sind zum Kaffee eingeladen. Die Erwachsenen unterhalten sich, während die beiden Söhne, fünf und sieben Jahre alt, mit dem von den Großeltern mitgebrachten Flummi spielen.

☐ Die Großmutter blickt gequält drein, als der Ball nur knapp ihre Kaffeetasse verfehlt, sagt aber nichts. Sie will den Kindern den Spaß nicht verderben.

☐ Der Großvater ermahnt die Kinder, das Wohnzimmer sei kein guter Ort für Ballspiele, und wirft ihnen hilfreich den Ball zu, der auf der Couch gelandet ist.

☐ Der Vater sagt streng: „Wenn ihr nicht sofort aufhört, hier herumzutoben, kassier ich den Ball."

☐ Die Mutter sagt in bestimmtem Tonfall, der keinen Widerspruch duldet: „Hört mal, ihr zwei, ich will nicht, dass ihr hier im Wohnzimmer mit eurem neuen Ball spielt. Hier steht viel zu viel herum, das kaputt gehen kann, und außerdem stört mich das Toben. Ich will mich in Ruhe unterhalten können. Entweder ihr geht jetzt mit dem Ball nach draußen oder ihr spielt etwas anderes."

Situation 2

Die zwölfjährige Nicole fühlt sich schlecht, weil sie eine Zahnspange tragen muss. Die Spange ist gewöhnungsbedürftig, weil sie zu Beginn leichte Schmerzen verursacht. Außerdem hat Nicole Angst, die Jungen in ihrer Klasse könnten sich über sie lustig machen.

☐ Die Mutter sagt: „Stell dich doch nicht so an! Andere Kinder tragen auch Zahnspangen. Sei lieber froh, dass du so schöne Zähne bekommst!"

☐ Der Vater sagt gar nichts, wenn er hört, wie Nicole sich beklagt.

☐ Nicoles erwachsene Schwester hört einfach nur zu und überlegt dann mit ihr, was Nicole sagen könnte, wenn einer der Klassenkameraden blöde Bemerkungen machen sollte.

☐ Die Großmutter erzählt, dass sie glücklich gewesen wäre, wenn es damals schon eine Zahnregulation gegeben hätte, und dass sie ihr Leben lang unter ihren schiefen Zähnen gelitten habe.

Situation 3

Der achtjährige Jan streift an einem Samstagnachmittag durch die Wohnung und langweilt sich. Es ist ein heißer Sommertag, und wegen der Schulferien sind Jans Freunde nicht erreichbar. Sein Vater sitzt am Schreibtisch, die Mutter hat Besuch von einer Freundin.

- ☐ Der Vater sagt: „Du vermisst wohl deine Freunde. Ja, Sommerferien können schrecklich lang sein."
- ☐ Die Mutter sagt: „Jan, jetzt reicht es! Such dir endlich eine Beschäftigung! Das ist ja nicht auszuhalten, wenn ich sehe, wie du den ganzen Tag nur herumhängst!"
- ☐ Die Freundin der Mutter sagt: „Als mein Sohn so alt war wie du, hat er in den Ferien immer tagelang mit seinem Baukasten gespielt. Ganze Städte hat er auf dem Teppich aufgebaut, wir konnten manchmal kaum noch durchs Wohnzimmer gehen."
- ☐ Als später die Patentante vorbeikommt, sagt sie: „Armer Kerl, bist du ganz allein? Haben deine Freunde dich alle verlassen und sind in die Ferien gefahren? Das ist aber schade! Weißt du was, wir beide fahren jetzt zum Spielwarenladen. Da suchst du dir was Schönes zum Spielen aus, damit du nicht so trübsinnig herum sitzen musst und dir die Zeit nicht so lang wird."

Haben Sie sich entschieden? Ist Ihnen die Aufgabe leicht gefallen oder waren Sie sich nicht immer gleich im Klaren?

Für alle Fälle habe ich hier die Auflösung für Sie:

Situation 1	Aussage auf der Sachebene	Aussage auf der Beziehungsebene
Großmutter	*Euer Spiel stört mich.*	*Ich lasse das Spiel trotzdem zu. Eure Bedürfnisse sind wichtiger als meine.*
Großvater	*Das Wohnzimmer ist der falsche Ort für Ballspiele. Ich spiele mit und werfe euch den Ball zu.*	*Ihr braucht nicht ernst zu nehmen, was ich sage.*
Vater	*Das Ballspiel im Wohnzimmer ist unerwünscht und wird nicht geduldet.*	*Ich bin der Stärkere und werde mich gegen euch durchsetzen.*
Mutter	*Euer Ballspiel stört mich. Außerdem kann etwas kaputt gehen.*	*Ich lasse nicht zu, dass ihr meine Bedürfnisse ignoriert. Aber ich nehme auch eure Bedürfnisse ernst. Deshalb biete ich euch zwei Alternativen an. Ihr entscheidet.*

Situation 2	Aussage auf der Sachebene	Aussage auf der Beziehungsebene
Mutter	*Deine Gefühle sind unangemessen.*	*Ich kann deine Gefühle nicht nachvollziehen und akzeptiere sie nicht.*
Vater	*Das ist nichts, worüber wir sprechen.*	*Ich will mich nicht mit deinen Problemen beschäftigen.*
Schwester	*Es gibt eine Lösung.*	*Ich nehme deine Probleme ernst und möchte dir helfen, eine Lösung zu finden.*
Großmutter	*Deine Probleme sind in Wirklichkeit ein großes Glück, deine Gefühle unangemessen.*	*Ich kann deine Gefühle nicht nachvollziehen und akzeptiere sie nicht.*

Situation 3	Aussage auf der Sachebene	Aussage auf der Beziehungsebene
Vater	*Sommerferien bringen es mit sich, dass man oft niemanden zum Spielen hat. Darum wird einem die Zeit manchmal recht lang.*	*Ich verstehe dich, ich weiß um das Problem. Ich bestätige dich in deiner Wahrnehmung.*
Mutter	*Du tust nichts Sinnvolles und solltest das endlich ändern.*	*Du nervst mich, ich habe kein Verständnis für dein Verhalten. Ich wünschte, du wärst anders.*
Freundin	*Mein Sohn hat es geschafft, dieses Problem wunderbar zu lösen (du offenbar nicht).*	*Ich habe keinen Respekt vor deinem Verhalten.*
Patentante	*Du bist von den anderen verlassen worden, das ist schlimm. Aber ich kann die Situation mit einem neuen Spielzeug verbessern.*	*Du bist bedauernswert, du musst gerettet werden, und ich werde dir helfen.*

So etwa lassen sich die Botschaften der Erwachsenen in unseren Beispielen entschlüsseln. Wenn wir uns nun klar machen, dass es in der Erziehung auf die Beziehungsebene ankommt, dass die Beziehung darüber entscheidet, wie gut wir ein Kind führen und belehren können, wird schnell deutlich, welche der Personen sich am klügsten verhalten. Im ersten Beispiel ist es die Mutter, im zweiten die Schwester und im dritten der Vater. Diese drei zeichnen sich durch bestimmte Merkmale aus:

- ✓ Sie nehmen das Kind ernst.
- ✓ Sie erlauben ihm, die Person zu sein, die es ist. Sie nehmen es an.
- ✓ Sie behandeln es mit Respekt.
- ✓ Sie stellen sich nicht über das Kind.
- ✓ Sie nehmen sich aber auch selbst wichtig (wie wir an der Mutter im ersten Beispiel sehen).

Erwachsene, die sich so verhalten können, ermöglichen es dem Kind, sich aufgehoben zu fühlen. Es kann sich der Führung des Erwachsenen anvertrauen, seinen Worten Glauben schenken, weil es weiß: Er ist auf meiner Seite. Er mag mich, wie ich bin. Er interessiert sich für mich, er kennt mich und akzeptiert meine Bedürfnisse und Gefühle.

Nur so kann Erziehung gut funktionieren. Oder wären Sie etwa bereit, sich etwas von einer Person sagen zu lassen, die sich nicht für Sie interessiert, Ihre Gedanken, Gefühle und Bedürfnisse nicht ernst nimmt und Sie obendrein gern anders hätte, als Sie tatsächlich sind? Natürlich wären Sie das nicht. Und die Kinder? Ihnen begegnet dies häufig: Sie sollen sich von jemandem erziehen lassen, der unbeteiligt, desinteressiert, unsensibel und ablehnend ist.

Da Er-ziehung eine Frage von Be-ziehung ist, kann sie nur erfolgreich sein, wenn der Erwachsene dem Kind in liebevoller und annehmender Weise gegenüber steht. Langfristig überlässt sich ein junger Mensch nur dann bereitwillig der Führung des Erwachsenen, wenn er dem Erwachsenen vertrauen kann.

Schädliche Beziehungen

Wir können an diesen Beispielen deutlich sehen, wie unterschiedlich Erwachsene sich Kindern gegenüber verhalten. Unsere Beziehung zu einem Kind hängt unmittelbar davon ab, wie wir ihm begegnen, was wir sagen und tun und welche Botschaften unsere Reaktionen enthalten. Ob das Kind Vertrauen zu uns fassen kann, ob es bereitwillig tut, was wir von ihm verlangen, ob es sich uns öffnet, ob es sich bei uns geborgen fühlt – all das bestimmen wir durch die Art, wie wir mit ihm umgehen. Wir gestalten die Beziehung. Meist entstehen im Laufe der Zeit bestimmte Regeln für das Miteinander: Ein bestimmtes Verhalten des Erwachsenen löst beim Kind eine ganz bestimmte Reaktion aus und umgekehrt. Beide sind aufeinander eingespielt. Einige dieser Beziehungsmuster wirken sich günstig auf die Entwicklung des Kindes aus, andere hingegen nicht.

Wenn wir die obigen Beispiele betrachten, erkennen wir allerlei Muster, die für das Kind mit Sicherheit problematisch sind und ihm nicht gut tun. Sehen wir uns einmal an, wie diese Muster beschaffen sind:

1. Der Erwachsene verhält sich autoritär. Seine Beziehung zum Kind ist durch seine Macht definiert. Er bestimmt, wie das Kind sich zu benehmen hat, und setzt sich not-

falls mit Gewalt durch. Unerwünschtes Verhalten wird bestraft, erwünschtes Verhalten manchmal auch belohnt. Für Diskussionen ist kein Platz. Der Erwachsene besitzt alle Macht und erlaubt dem Kind nicht, sie in Frage zu stellen. Das Kind hat keine Entscheidungsmöglichkeiten, da der Erwachsene das „richtige" Verhalten vorgibt. Kennzeichnend für diesen Beziehungsstil ist die häufige Verwendung von Wenn-dann-Formulierungen: „Wenn ihr nicht sofort mit dem Toben aufhört, dann kassier ich den Ball." Wie negativ sich diese Art von Beziehung langfristig auf das Kind auswirkt, werden wir im Kapitel über Beziehungskompetenz noch ausführlich sehen.

2. Der Erwachsene verhält sich widersprüchlich. Er sagt das eine und tut das andere. So fordert der Großvater seine Enkel auf, das Ballspiel abzubrechen, aber dann wirft er ihnen selbst den Ball zu. Solch ein Verhalten wirkt natürlich äußerst verwirrend. Das Kind kann nicht erkennen, was nun wirklich Sache ist, es kann sich nicht orientieren. Der Erwachsene ist unberechenbar, was eine vertrauensvolle Beziehung ausschließt. Vielmehr zeichnet sich die Beziehung des Kindes zum Erwachsenen durch Angst und Unsicherheit aus; Misstrauen entsteht. Langfristig lässt sich das Kind nicht mehr erziehen und tut, was es möchte. Es nimmt den Erwachsenen nicht mehr ernst. Denn dieser ist unglaubwürdig geworden und besitzt daher keinen Einfluss mehr.

3. Der Erwachsene opfert sich auf, er verleugnet seine eigenen Bedürfnisse und macht das Kind zum König. So hält es die Großmutter. Sie fühlt sich durch das Spiel der Kinder gestört, sagt aber nichts dazu. Nur ihre Körpersprache lässt erkennen, dass sie sich beim Verhalten der Kinder nicht wohl fühlt. Sie macht ein gequältes Gesicht. Auf diese Weise gibt sie zu erkennen, dass sie ihre Bedürfnisse hintanstellt, dabei jedoch leidet. Erwachsene, die

dazu neigen, eine solche Märtyrer-Rolle zu übernehmen, tun den Kindern ganz sicher nicht gut. Denn Märtyrer sind unglücklich. Sie können ein Kind niemals glücklich machen. Und nicht selten entwickeln sie im Laufe der Zeit eine vorwurfsvolle Haltung dem vermeintlich rücksichtslosen Beziehungspartner gegenüber. Sie stilisieren ihn zum Täter. Das sind denkbar schlechte Bedingungen für eine fröhliche und unbeschwerte Kindheit. Schließlich lastet der Erwachsene dem Kind die Verantwortung für sein Unglück auf. Und nicht selten erwartet er langfristig sogar eine Gegenleistung. Der Erwachsene fordert eine Art Wiedergutmachung nach dem Schema: „Ich habe dir so viel geopfert, jetzt kannst du wenigstens etwas für mich tun." Das ist eine offensichtlich ungesunde Art der Beziehung.

4. Der Erwachsene schafft es nicht, auf das Kind einzugehen. Er sieht alles nur in Relation zur eigenen Person und wird dadurch dem Kind in seiner individuellen Art nicht gerecht. Ein Beispiel dafür haben wir in der zweiten Situation, wo die Großmutter mit Unverständnis auf die unguten Gefühle ihrer Enkelin reagiert, weil sie selbst in ihrem Leben keine Gelegenheit zu einer Zahnregulation gehabt hat. Sie bedauert dies und nimmt deswegen automatisch an, jeder Mensch, der eine Zahnspange tragen darf, müsse darüber froh sein. Damit spricht sie ihrer Enkelin das Recht auf jegliches Unbehagen ab. Da der Erwachsene außerstande ist, sich von seinen eigenen Sichtweisen zu lösen, erhebt er sich zum Maßstab für das Kind. Er ist der Dreh- und Angelpunkt in jedem Dialog, er sieht alles, was das Kind betrifft, durch die Brille seiner eigenen Lebenserfahrungen. Er meint es durchaus gut mit dem Kind, ist zu liebevollem Verhalten fähig, bringt aber kaum Verständnis für die Gefühls- und Erlebenswelt des Kindes auf. Er entscheidet alles aus dem eigenen Blickwinkel und ist unfähig zum Perspektiven-

wechsel. Dem Kind spricht er dadurch letztlich das Recht auf eine eigene Lebensgeschichte ab. Trotz liebevoller Versorgung muss dieses etwas Entscheidendes entbehren: das Recht auf Individualität und Selbstverwirklichung. Nicht selten versuchen solche Erwachsenen, das Kind zu einem Abbild ihrer selbst zu machen, oder sie benutzen es dazu, ihre eigenen ungelebten Träume zu verwirklichen.

5. Andere Erwachsene wiederum gestalten ihre Beziehung zum Kind auf der Grundlage rationaler Überlegungen. Gefühle haben wenig Platz, die Vernunft ist das Maß aller Dinge. Sie können sich nur schwer auf das Kind einlassen, ganz besonders, wenn es noch klein ist und in der Welt seiner magischen Gedanken lebt. Der Erwachsene wird sie als Unsinn abtun und das Kind zur Vernunft aufrufen. Wir haben oben in der zweiten Situation ein Beispiel dafür: Die Mutter spricht der Tochter das Recht auf ungute Gefühle ab, da die Zahnregulation eine sinnvolle Sache ist. Dass Gefühle ihre ganz eigene Logik haben, darauf mögen sich solche Erwachsene nicht einlassen. Sie weisen das Kind zurecht und belehren es eines besseren. Selbstverständlich geschieht dies in der allerbesten Absicht, und ebenso selbstverständlich verfehlt diese Absicht ihren guten Zweck. Nach einer Weile hört das Kind weg, die Belehrungen prallen an ihm ab. Wer auf Verständnis hofft, sich nach Bestätigung sehnt, ist nämlich mit einer Belehrung oder einem Vortrag nicht gut bedient. Die Kinder bleiben mit ihren Gefühlen allein. Sie lassen die Erwachsenen nicht mehr daran teilhaben und müssen die Dinge mit sich selbst abmachen. So werden sie mit der Zeit, trotz der offensichtlichen Fürsorge der Erwachsenen, einsam. Es kann sogar geschehen, dass das Kind die von den Erwachsenen nicht erlaubten Gefühle schließlich selbst nicht mehr zulässt und damit den Kontakt zu sich selbst verliert.

6. Einsam sind auch jene Kinder, die von ihren Eltern ignoriert werden. Ein Beispiel dafür finden wir ebenfalls in der zweiten Situation: Das Kind teilt sein Unbehagen mit, doch der Vater geht in keiner Weise darauf ein. Entweder hat er kein Interesse an der Situation seiner Tochter, oder er ist hilflos und weiß ganz einfach nicht, was er sagen soll. Das Bedürfnis der Tochter nach Verständnis und Anteilnahme bleibt jedenfalls unbefriedigt. Diese Art von Eltern-Kind-Beziehung, die durch ein Desinteresse der Erwachsenen gekennzeichnet ist, findet sich zurzeit immer häufiger. Oft sind die Erwachsenen beruflich zu sehr beansprucht, um für alles, was das Kind betrifft, Interesse aufbringen zu können. Manche Mutter, mancher Vater, ist allein erziehend und kann die anstehenden Aufgaben und nötigen Gespräche nicht allein bewältigen, zumal wenn mehrere Kinder zu betreuen sind. Viele Eltern sind sich ihrer mangelnden Bereitschaft zur Anteilnahme und ihrer ungenügenden Beziehungspflege wohl bewusst. Einige versuchen das auszugleichen, indem sie das Kind beschenken und verwöhnen, die Zügel sehr lang lassen und ihm zu viel erlauben. Aber es gibt keinen Ersatz für eine liebevolle Anteilnahme und ein einfühlsames Interesse am Kind.

7. Es kommt auch vor, dass eine Beziehung durch Bevormundung und Verwöhnung gekennzeichnet ist. So hält es die Patentante im dritten Beispiel. Sie dramatisiert die Situation des Kindes, damit sie sich umso effektvoller als Retterin in Szene setzen kann. Sie fragt nicht danach, was der Junge in seiner Situation gern täte, sondern stülpt ihm ihre Lösung über und nimmt ihm damit die Möglichkeit, sich selbst zu helfen. Solche Erwachsene lieben es, für das Kind wichtig zu erscheinen. Sie reden ihm gern ein, dass es sie braucht und ohne ihre Hilfe nicht zurechtkommt. Respektlos mischen sie sich in die Angelegenheiten des Kindes ein und leugnen seine Kompeten-

zen und Selbstregulationskräfte, nur um sich gebraucht und tüchtig fühlen zu können. Sie behindern damit die Entwicklung des Kindes zur Selbstständigkeit, machen es abhängig und anspruchsvoll. Sie selbst sind vollkommen davon überzeugt, aus Liebe zu handeln.

Dies sind Beispiele für schädliche Beziehungen, wie wir sie in den oben geschilderten Situationen finden. Solche Beziehungsmuster kommen natürlich selten in Reinform vor. Üblich sind vielmehr Mischformen wie beispielsweise ein autoritärer Erziehungsstil gepaart mit Rationalität oder eine Verwöhnung des Kindes gepaart mit einer Opferhaltung des Erwachsenen.

Natürlich meinen es die Erwachsenen gut mit dem Kind und tun daher das Beste, zu dem sie fähig sind. Leider ist dieses „Beste" häufig nicht das Richtige. Es genügt eben nicht, ein Kind zu lieben und Gutes zu wollen. Man muss auch etwas über Beziehungen wissen, man braucht Disziplin, man benötigt bestimmte Eigenschaften und eine gewisse Reife. Liebe ist der Nährboden, auf dem alle anderen Fähigkeiten zum Erblühen kommen können. Welche Fähigkeiten das im Einzelnen sind, werden wir uns im folgenden Abschnitt ansehen.

Natürliche Autorität

Betrachten wir noch einmal beispielhaft die Reaktion der Mutter in der ersten Situation. Sie ist unzufrieden mit dem Verhalten ihrer Söhne und sagt: „Hört mal, ihr zwei, ich will nicht, dass ihr hier im Wohnzimmer mit eurem neuen Ball spielt. Hier steht viel zu viel herum, das kaputt gehen kann, und außerdem stört mich das Toben. Ich will mich in Ruhe unterhalten können. Entweder ihr geht jetzt mit dem Ball nach draußen oder ihr spielt etwas anderes."

In dieser Aussage stecken gleich mehrere Aspekte, die die Mutter-Kind-Beziehung charakterisieren:

1. Die Mutter fordert die Aufmerksamkeit ihrer Kinder. Sie nimmt sich selbst wichtig genug, um selbstverständlich davon auszugehen, dass sie ihr zuhören.

2. Sie teilt den Kindern ihre Bedürfnisse mit und lässt keinen Zweifel daran, dass sie ein Recht darauf hat, dass ihrem Bedürfnis entsprochen wird.

3. Sie nimmt auch das Bedürfnis der Kinder ernst, bewertet oder kommentiert es nicht und stellt es auch nicht in Frage. Sie lässt es einfach gelten. Das Ballspiel und das Toben der Kinder findet sie in Ordnung, allerdings nicht in der Umgebung des Wohnzimmers.

4. Sie bietet den Kindern eine Alternative – „oder ihr spielt etwas anderes" – und überlässt ihnen die Entscheidung. Sie traut ihnen zu, die Situation auf gute Weise zu gestalten.

5. Sie erwartet ganz selbstverständlich, dass ihre Kinder ihre Wünsche respektieren werden. Darum droht sie nicht wie der Vater oder verkneift sich ihre Wünsche wie die Großmutter. Sie ist klar und eindeutig in dem, was sie will, anders als der Großvater. Sie hält sich selbst für wichtig genug, um davon auszugehen, dass die anderen sie mit ihren Bedürfnissen ernst nehmen. Sie besitzt Selbstachtung, sonst wäre sie nicht in der Lage, so fest zu ihren Bedürfnissen zu stehen.

6. Sie übernimmt die Führung in der Beziehung zu den Söhnen. Sie bestimmt, wo es langgeht. Hier findet keine demokratische Abstimmung statt, sondern die Mutter gibt die Richtung vor.

Wenn Erwachsene in dieser Form Beziehung gestalten, können Kinder davon profitieren. Sie werden respektiert, angenommen und erfahren, dass ihre Bedürfnisse ernst genommen werden. Sie haben es mit einem Erwachsenen zu tun, der innere Stärke besitzt und ihnen ein wirkliches Gegenüber ist, gut für sich und deshalb auch für andere sorgen kann. Auf diese Weise gibt er ihnen Orientierung, sagt ihnen, welches Verhalten in Ordnung ist und welches nicht, was er von ihnen erwartet und was sie selbst entscheiden dürfen, wo ihre Freiräume beginnen und wo sie enden. Kurz, er erzieht sie mit natürlicher Autorität.

Das Wort „Autorität" hat in den Ohren der meisten Erwachsenen keinen guten Klang. Es erinnert zu sehr an Drill und Gehorsam. Vermutlich liegt dem aber nur ein sprachliches Missverständnis zugrunde, das dadurch zustande kommt, dass man „Autorität" mit „autoritär" gleichsetzt. Das ist jedoch nicht korrekt, denn der Duden unterscheidet hier deutlich. Menschen mit Autorität verhalten sich keineswegs notwendigerweise autoritär. Der Duden definiert „Autorität" u.a. als den auf Leistung oder Tradition begründeten Einfluss einer Person und ihr daraus erwachsendes Ansehen. Das Adjektiv „autoritär" wird hingegen mit „totalitär", „diktatorisch", „unbedingten Gehorsam fordernd" gleichgesetzt. Daher lässt sich Autorität sehr wohl mit unserem modernen Menschenbild und unseren modernen Erziehungsvorstellungen vereinbaren. Autorität hat mit Einfluss und Würde zu tun.

Legt man die begriffliche Unterscheidung des Dudens zugrunde, dann ist Autorität unverzichtbar für die Erziehung, denn sie bedeutet Ansehen und Einfluss. Und genau darum geht es ja: Wir müssen Einfluss nehmen auf unsere Kinder, was nur dann gelingt, wenn sie uns respektieren. Autoritäres Verhalten hingegen mindert das Ansehen einer Person und verringert ihren Einfluss, da es nur Widerstand hervorruft. Eltern sollten also Autorität verkörpern, ohne autoritär zu handeln.

„Natürliche Autorität" bedeutet, dass diese Autorität persönlichkeitsbedingt ist und ihren Ursprung nicht in der *Rolle* einer Person hat. Sie werden von Ihren Kindern nicht automatisch als Autorität anerkannt, bloß weil Sie in der Elternrolle sind. Im Gegenteil: Gerade *weil* Sie diese Rolle innehaben, werden Sie spätestens in der Pubertät von Ihren Kindern respektlos herausgefordert. Die für die Elternrolle nötige Würde muss verdient und verteidigt werden, der Einfluss, den Sie auf Ihre heranwachsenden Kinder nehmen wollen, muss erarbeitet sein! Ob Ihnen das dauerhaft gelingt, hängt wesentlich von Ihrer Persönlichkeit ab und nicht von der Tatsache, dass Sie im Familienstammbuch als Vater oder Mutter eingetragen sind.

Wir können natürliche Autorität definieren als das Produkt aus Sachkompetenz, Beziehungskompetenz und innerer Stärke:

natürliche Autorität
=
Sachkompetenz x Beziehungskompetenz x innere Stärke

Sachkompetenz ist für Erwachsene unerlässlich, wenn sie Kinder erziehen und lebenstüchtig machen wollen. Zum einen benötigen wir ein bestimmtes Maß an Wissen, um unsere Kinder richtig zu behandeln. Wir müssen eine Vorstellung davon haben, welches Verhalten jeweils altersgerecht ist, welche Anforderungen wir wann stellen dürfen und müssen, was Kinder brauchen, um sich gesund entwickeln zu können, u. s. w.

Wir Erwachsene besitzen den Kindern gegenüber einen großen Vorsprung an Wissen und Erfahrung. Unsere Aufgabe besteht darin, ihnen möglichst viel davon zugute kommen zu lassen. Wir führen sie in die Welt ein, machen sie mit ihren Regeln vertraut, leiten sie an und unterstützen sie beim Lösen von Aufgaben und Problemen. Wir erklären ihnen die Welt, helfen ihnen, sich darin zurechtzufinden. Je besser wir selber über die Welt Bescheid wissen, desto mehr können wir unseren Kindern geben. Auf diese Weise lehren wir sie Vertrauen: Sie lernen, dass sie sich unserer Führung anvertrauen können, weil wir wissen, wie man Situationen bewältigt. Über unsere Lebenstüchtigkeit gewinnen sie selbst Vertrauen ins Leben und in ihre eigene Lebenstüchtigkeit. Wir Erwachsenen werden zum Modell dafür, wie die Kinder Schwierigkeiten bewältigen, sich in der Welt orientieren und ihre Bedürfnisse befriedigen. Lebensmut und Lebensfreude bleiben ihnen nur dann erhalten, wenn wir selbst mit unserem Leben zurechtkommen, wenn wir uns darin wohl fühlen. Es gibt viele Dinge in unserer komplexen modernen Welt, mit denen wir uns auskennen sollten. Darüber hinaus brauchen wir die Bereitschaft, ständig dazu zu lernen. Kompetente Erwachsene flößen den Kindern Vertrauen ein. Sie können mit mehr Leichtigkeit durchs Leben gehen, strahlen Zuversicht aus, kommen auch in Krisensituationen zurecht. Sie wissen, wie man die Dinge einzuschätzen hat. Sie kennen die Richtung. Sie verfügen über die Werkzeuge, die man benötigt, wenn man im Leben etwas erreichen will.

Ein Kind, das hingegen erlebt, wie überfordert und hilflos sich ein Erwachsener fühlt, kann sich der Führung dieses Erwachsenen nicht anvertrauen. Es wird Angst, Unsicherheit und Zweifel verspüren. Die Hilflosigkeit des Erwachsenen überträgt sich auf das Kind, und der Erwachsene verliert zwangsläufig seine Erziehungsfähigkeit.

Laura ist verzweifelt. Sie sorgt allein für ihren zehnjährigen Sohn und hat einen Halbtagsjob in einem Betrieb, der wahrscheinlich geschlossen werden muss. Sie macht sich große Sorgen um die Zukunft. Bei jeder Gelegenheit spricht sie darüber mit ihrem Sohn, offenbart ihre Ratlosigkeit und weint.

Ein Kind, das seine Mutter so verzweifelt erlebt, entwickelt große Angst und verliert sein Vertrauen in seine Mutter. Es hat wahrscheinlich Mitleid mit ihr und wird selbst verzweifeln, weil es die geliebte Mutter nicht retten kann. Das ist nicht die Art, Kindern Zuversicht und Vertrauen ins Leben zu vermitteln. Laura braucht die bedrohliche Situation natürlich nicht zu verheimlichen, doch ihre Verzweiflung hat keinen Platz in der Mutter-Sohn-Beziehung. Dafür sind andere Anlaufstellen da, wie z. B. der Freundeskreis. Ein Kind muss an die Lebenstüchtigkeit der Erwachsenen glauben können, um sich selbst in der Welt aufgehoben zu fühlen. Wir sind es unseren Kindern schuldig, auch in schwierigen Situationen nicht den Kopf zu verlieren und uns nicht unserer Verzweiflung zu überlassen, sondern alles an Ressourcen zu mobilisieren, was uns zur Verfügung steht. Denn damit vermitteln wir ihnen: „Schaut her, das Leben kann uns zwar manchmal vor schwierige Situationen stellen, aber für den, der sich darum bemüht und nicht aufgibt, gibt es immer eine Lösung!“.

Elterliche Sachkompetenz hat noch einen weiteren Aspekt, den ich anhand des folgenden Beispiels verdeutlichen möchte:

Stefan ist Vater eines dreizehnjährigen Sohnes, der ihn um Hilfe bei den Mathematikhausaufgaben bittet. Doch ebenso wie sein Sohn ist auch er mit der Aufgabe überfordert, will dies allerdings nicht zugeben. Er probiert herum und findet schließlich einen Lösungsweg. Am nächsten Tag erzählt sein Sohn, der Lehrer habe die Lösung für falsch erklärt. Stefan ist gekränkt und verteidigt seinen Lösungsweg.

Hier verhält sich der Vater ausgesprochen unklug. Er hat nicht nur bei der Lösung der Aufgabe versagt, sondern beharrt auch noch auf seinem falschen Ergebnis. Er möchte sich um keinen Preis eine Blöße geben und bleibt daher bei seinem Fehler. Aber, wie Marie von Ebner Eschenbach so klug geschrieben hat, man macht sich durch Eigenschaften, die man *hat*, nie so lächerlich als durch die, die man haben *möchte.* Indem Stefan vorgibt, etwas von Mathematik zu verstehen, obwohl er die Aufgabe offensichtlich falsch gelöst hat, gibt er kein gutes Bild ab. Wie soll sein Sohn ihn respektieren, wenn er starrsinnig an etwas Falschem festhält? Und wie soll er seinen Sohn erziehen, wenn dieser ihn nicht respektiert?

Selbstverständlich wissen auch die Klügsten unter uns nicht alles. Vielmehr kann unser Wissen lediglich einen bescheidenen Ausschnitt des Gesamtwissens dieser Welt darstellen. Unsere Kinder werden uns immer wieder dabei erwischen, dass wir etwas nicht wissen oder falsch machen. Das ist nicht schlimm. Trotzdem verlieren wir nicht ihren Respekt und ihr Vertrauen, es sei denn, wir leugnen unser Nicht-Wissen. Wenn wir uns aber lernbereit zeigen, unsere Wissenslücke schließen, unseren Fehler korrigieren, bleiben wir weiterhin vertrauenswürdig. Die Kinder können sich darauf verlassen, dass wir sie sicher durch die Kindheit und Jugendzeit geleiten werden.

Bei der *Beziehungskompetenz* geht es darum, eine liebevolle und tragfähige Beziehung aufzubauen, die der Erziehung förderlich ist. Eine gute Beziehung zwischen Kind und Erwachsenem erleichtert die Erziehung, weil sich das Kind beim Erwachsenen aufgehoben fühlt und ihm vertraut. Eine gut gestaltete Beziehung ermöglicht dem Kind, sich auf die Führung durch den Erwachsenen einzulassen. Ziel ist es, dass sich das Kind zu einem lebensbejahenden und lebenstüchtigen Menschen entwickelt, der sich in die Welt um sich herum einbringt, aber auch gut allein sein kann, der im Umgang mit sich und anderen souverän ist, der für sich und andere liebevoll Verantwortung übernehmen kann, der zum besten Menschen heranwächst, der er nur sein kann. Ob dieses Ziel erreicht wird, hängt wesentlich davon ab, wie der Erwachsene mit dem Kind umgeht, auch wenn zusätzlich eine ganze Reihe anderer Faktoren beteiligt ist (Umfeld, Gesundheit, Schicksalsschläge etc.).

Schon das Neugeborene lernt durch uns, ob die Welt ein guter Ort ist, ob es hier willkommen ist, ob es geliebt wird und sich dem Erwachsenen mit einem guten Gefühl anvertrauen darf. Je jünger ein Kind ist, desto mehr braucht es kompetente Beziehungspartner und desto größer ist der Schaden, wenn diese fehlen. In der Beziehung zu den Erwachsenen lernt das Kind, wer es ist. Seine Identität nimmt dadurch Form an, dass es von den Erwachsenen gespiegelt wird. Vermitteln wir dem Kind, dass wir es lieben, lernt es durch uns, dass es liebenswert ist. Dann wird es imstande sein, Liebe zu empfangen und zu geben. Vermitteln wir ihm, dass wir ihm etwas zutrauen, lernt es, dass es kompetent und in der Lage ist, auch Schwieriges zu bewältigen. Vermitteln wir ihm, dass uns seine Anwesenheit stört, lernt es, dass es nicht erwünscht ist und keinen Platz in dieser Welt hat u.s.w. Da Kinder den Erwachsenen zunächst alles glauben und nicht in der Lage sind, sich von ihnen zu distanzieren oder ihre Botschaften in Frage zu stellen, bauen sie diese Botschaften in ihr Selbstkonzept ein. Dazu ein Beispiel:

Lena ist drei Jahre alt und beobachtet den Vater beim Zubereiten eines Festessens in der Küche. Die Eltern erwarten am Abend Gäste. Lena möchte mitmachen und greift sich ein Küchenmesser, das der Vater auf dem Tisch abgelegt hat. Er bemerkt es nicht gleich, doch als er schließlich das Messer in Lenas Hand entdeckt, stöhnt er laut auf, packt mit festem Griff Lenas Handgelenk und entwindet ihr wortlos das Messer. Während er sie noch festhält, wendet er den Kopf zur Tür und ruft laut nach seiner Frau: „Maria, kannst du mal endlich das Kind aus der Küche rausholen, ich muss kochen und kann mich nicht auch noch darum kümmern!"

Was er Lena mit seiner Reaktion vermittelt, ist deutlich: „Dein Verhalten ist nicht in Ordnung. Du bist lästig, bei mir ist kein Platz für dich. Ich lege keinen Wert auf deine Mitarbeit und bin froh, wenn du draußen bist." Wenn sich solche Botschaften im Laufe der Zeit wiederholen, wird Lena lernen, dass sie nicht erwünscht ist, dass sie kein Recht hat, dabei zu sein und mitzumachen. Sie wird es deshalb schwer haben, sich selbstverständlich einzubringen und ihren Platz einzunehmen, sei es zu Hause oder außerhalb wie z. B. im Kindergarten. Entweder wird sie sich schüchtern im Hintergrund halten oder aber trotzig einen Platz erkämpfen und alles Mögliche anstellen, um Beachtung zu finden. Beide Resultate sind unbefriedigend, und zwar nicht nur für Lena. Zudem werden sie Lena daran hindern, ein glückliches Kind zu sein.

Auf diese Art und Weise entstehen oft unsere Probleme mit Kindern. Wir Erwachsenen tun dann immer so, als hätten wir es mit einem schwierigen Kind zu tun. Das ist natürlich so nicht richtig, denn wir selbst haben es oftmals durch unser unsensibles Verhalten schwierig *gemacht*. Doch wir haben in jeder Situation aufs Neue die Wahl, wie wir die Beziehung zum Kind gestalten. Der Vater im obigen Beispiel hätte etwa Folgendes zu Lena sagen können:

„Schatz, dieses Messer ist besonders scharf. Du musst erst noch lernen, wie man damit umgeht. Darum darfst du meine Messer auf gar keinen Fall anfassen, sonst kann es passieren, dass du dir sehr wehtust. Weißt du was? Ich gebe dir ein anderes, eines, das nicht so scharf ist, und dann kannst du mal probieren, ob du für mich ein Stück Brot in kleine Stücke schneiden kannst. Ich brauche nämlich Croutons, weißt du, das sind kleine Weißbrotstückchen, die …"

Und fröhlich plaudernd hätte er seine Tochter an den Vorbereitungen teilhaben lassen können. Damit hätte er sie ernst genommen, ihr das Gefühl gegeben, erwünscht zu sein und helfen zu können. Gleichzeitig hätte er ihr ein paar Dinge über den Umgang mit Messern und das Kochen feiner Gerichte beibringen können. Das ist natürlich der Idealfall. Manchmal allerdings stören Kinder wirklich, und wir wollen sie aus dem Weg haben. Das ist selbstverständlich auch in Ordnung, nur muss es anders geschehen. Hätte der Vater seine Tochter los sein wollen, hätte er sagen können:

„Lena, es erschreckt mich, wenn ich sehe, wie du das scharfe Messer anfasst. Du kannst dir damit ganz schlimm wehtun, weißt du. Darum nehme ich das Messer schnell wieder an mich. Liebes, ich hab im Moment ganz viel zu tun und muss gut aufpassen, dass ich an alles denke und rechtzeitig fertig werde. Da habe ich jetzt gar keine Zeit, mich um dich zu kümmern. Gehst du so lange bitte raus? Ich ruf dich dann, sobald ich fertig bin, und, wenn du magst, können wir zusammen den Tisch decken."

Hier erklärt der Vater, warum er nicht möchte, dass seine Tochter das Messer anfasst, warum er möchte, dass sie die Küche verlässt. Lena kann dabei seine Gründe nachvollziehen. Sie erkennt seinen Stress, sein Bedürfnis nach Ungestörtheit und muss nicht annehmen, eine unerwünschte Person zu sein. Er bietet ihr zudem eine Perspektive, nämlich beim Tischdecken zu helfen. Der Vater verhält sich seiner Tochter gegenüber liebevoll und respektvoll. Auf diese Weise wird Lena bestimmt kein „schwieriges" Kind werden.

Die Art, wie wir die Beziehung zu einem Kind gestalten, beeinflusst sein ganzes Sein. Es hat unmittelbare Auswirkungen auf sein Fühlen, Denken und Handeln. Wenn wir hier einen Fehler machen, wenn wir etwas tun, wodurch das Kind schließlich „schwierig" wird, entsteht sehr oft eine ungute Dynamik und die Probleme verschärfen sich mit der Zeit immer mehr. Denn stellen Sie sich beispielsweise vor, Lena würde durch das Verhalten ihres Vaters lernen, dass sie sich ihren Platz und die Aufmerksamkeit der Erwachsenen erkämpfen muss. Dann würde sie vielerlei Störmanöver einleiten, um beachtet zu werden und die Erwachsenen dazu zu zwingen, sich mit ihr zu beschäftigen. Allerdings würde sie mit diesem Verhalten negative Aufmerksamkeit auf sich ziehen. War ihr Vater vorher schon mit ihr überfordert und konnte sich schlecht auf sie einlassen, dann würde er es jetzt erst recht nicht können. Nun wären nämlich die Anforderungen an sein erzieherisches Geschick viel höher, und er würde mit großer Wahrscheinlichkeit wieder Fehler machen.

Die Probleme mit einem „schwierigen" Kind neigen dazu, mit der Zeit zuzunehmen. Den Erwachsenen gelingt es immer weniger, es nach ihren Vorstellungen zu beeinflussen, und oft kann schließlich nur noch professionelle Hilfe eine Lösung herbeiführen. Sie sehen also, welch große Rolle der Beziehungskompetenz zukommt. Wir müssen daran arbeiten, Beziehung so zu gestalten, dass wir vertrauenswürdig sind, dass sich das Kind von uns bereitwillig in die Welt einführen und von uns formen lässt, weil es weiß: Wir sind auf seiner Seite. Nur so kann Erziehung für alle Beteiligten zu einem bereichernden und freudvollen Prozess werden, der einen guten Abschluss findet. Wie das gelingen kann, wird Gegenstand des nächsten Kapitels sein.

Kommen wir zuvor noch zum Faktor *innere Stärke*. Es geht dabei um all die Eigenschaften, die ein Erwachsener brauchen kann, wenn er eine gute Beziehung zum Kind aufbaut. Es geht um die Qualitäten, die uns zu guten Eltern machen. Selbst wenn man weiß, was zu einer guten Beziehung dazugehört, selbst wenn man Techniken kennt, ein Gespräch richtig einzufädeln, genügt das bei weitem nicht, um die gewünschte Beziehung herzustellen. Dazu braucht es mehr:

Das sechs Monate alte Kind weint den ganzen Nachmittag. Es hört nur auf, wenn es auf dem Arm herumgetragen wird. Der Mutter tut inzwischen ihr Rücken weh, sie kann das Baby nicht mehr durch die Wohnung schleppen. Aber das Schreien ihres Kindes hält sie auch nicht aus …

- *Der Dreijährige brüllt im Supermarkt wie am Spieß, weil er kein Eis bekommt. Die Mutter ist ratlos, sie kann ihn nicht beruhigen. Die anderen Kunden schauen bereits zu ihr herüber und warten gespannt, wie sie auf das Gebrüll reagieren wird. In einigen Gesichtern liest sie deutlich Missbilligung.*

- *Der Vater möchte etwas reparieren und stellt fest, dass sein Schraubenzieher verschwunden ist. Der zehnjährige Sohn weiß angeblich von nichts, woraufhin der Vater eine halbe Stunde lang seinen Schraubenzieher sucht, bis er schließlich aufgibt. Tage später findet sich der Schraubenzieher unter dem Bett des Sohnes wieder.*

- *Die vierzehnjährige Tochter hat ihre eigenen Ansichten über die Welt und greift die Mutter für ihre Sichtweisen an. Die Tochter entwertet die Lebensweise der Mutter, was die Mutter als besonders schmerzlich empfindet, weil sie ihrer Tochter alles gegeben hat, was sie zu geben hatte.*

- *Die Eltern sind in größter Sorge, denn ihr fünfzehnjähriger Sohn hätte schon vor über zwei Stunden zu Hause sein sollen. Sie haben mittlerweile überall herumtelefoniert, konnten aber nichts über ihn in Erfahrung bringen. Schließlich kommt der Sohn in bester Stimmung nach Hause und riecht nach Alkohol. Als die Eltern ihn zur Rede stellen, wird er unverschämt.*

Kinder bringen uns immer wieder an unsere Grenzen. Sie fordern uns frech heraus und wollen sich an uns reiben. Sie kennen unsere Schwachpunkte und brauchen unsere Liebe und Fürsorge oft am meisten dann, wenn sie unausstehlich sind. Solange sie klein sind, betrachten sie sich als Mittelpunkt der Welt, kennen keine Rücksicht, können nicht warten, sind überaus leicht erregbar, respektieren kein fremdes Eigentum, akzeptieren keine Grenzen, verfügen über unsere Zeit, unterbrechen uns bei allem, was wir tun, rauben uns den Schlaf. Wir sollen für unsere Kinder springen, sobald sie etwas brauchen, sie allerdings räumen selbst auf wiederholtes Bitten hin die Spülmaschine nicht aus und halten nicht mal im eigenen Zimmer Ordnung. Sie legen sich in der Pubertät die abenteuerlichsten Verkleidungen zu und stellen barbarische Dinge mit ihrem Körper an, während wir riskieren, von ihnen für ein, wie wir meinen, völlig normales Outfit, herablassend kritisiert zu werden. Sie tun Dinge, die wir für gefährlich halten und weiden sich an unseren Ängsten … Was sollen wir da tun?

Mit Sicherheit greifen hier schlaue Kommunikationstechniken zu kurz. Ebenso wenig genügt es zu wissen, wie eine „richtige" Reaktion aussehen müsste (wobei das in vielen Situationen gar nicht eindeutig feststeht). Und sicher ist auch: Ganz gleich, wie *wir* uns dabei fühlen, *wir* sind die Erwachsenen, *wir* tragen die Verantwortung, *wir* müssen uns klug verhalten, den Überblick und die Nerven behalten. Unsere Kinder dürfen sich als Mittelpunkt der Welt fühlen, wir nicht. Die Kinder dürfen laut maulen und sich gehen lassen, wir nicht. Die Kinder dürfen frech werden, wir nicht. Wir müssen reflektiert handeln, müssen in allen Fällen überlegen, was mit unserem Kind los ist, was es uns sagen will, was es braucht, was es erreichen möchte und wie wir am klügsten darauf reagieren können. Die Verantwortung liegt bei uns, wir müssen Orientierung schaffen. Das alles können wir nur leisten, wenn wir bestimmte Charaktereigenschaften besitzen. Wir brauchen innere Stärke.

Jemand mit innerer Stärke kennt sich gut. Er weiß, was ihm wichtig ist und worauf er hinaus möchte. Er kennt seine Richtung, und weil das so ist, kann er auch einem Kind die Richtung klar und deutlich vorgeben. Er kann dem Kind helfen, sich zu orientieren. Er kann ein Vorbild sein. Er ist souverän in seinem Urteil und braucht nicht andere, die ihn bestätigen, weil er sich selbst bestätigen kann. Darum haut ihn die respektlos vorgebrachte Kritik eines pubertierenden Kindes nicht um, sondern er kann gelassen darauf reagieren, ohne sich angegriffen und verletzt zu fühlen. Er kann sich durchaus selbst in Frage stellen, nicht grüblerisch und selbstzerstörerisch, sondern konstruktiv. Aus diesem Grunde regt es ihn nicht auf, wenn ihn das Kind in Frage stellt. Er kann in aller Gemütsruhe die Sichtweise des Kindes prüfen und sich auf eine Diskussion mit ihm einlassen. Er ist fähig zum Perspektivenwechsel, denn er muss sich nicht krampfhaft und verzweifelt verteidigen.

Da er sich selbst ernst nimmt, kann er auch gut für sich sorgen. Er erfüllt seine Bedürfnisse auf allen Ebenen und wartet nicht darauf, dass andere es tun. Weil er selbst so gut für sich sorgt, geht es ihm auch gut, weshalb er viel zu geben hat. Er fühlt sich nicht so schnell genervt, wenn ein Kind etwas von ihm braucht. Er kann großzügig geben. Da er aber seine eigenen Bedürfnisse ernst nimmt, ist er auch in der Lage, einem Kind Grenzen zu setzen.

Ein Erwachsener, der über innere Stärke verfügt, kann sich selbst gut leiden. Er lebt in Frieden mit sich, mag und bestätigt sich selbst. Deswegen ist er nicht darauf angewiesen, von einem Kind gemocht und bestätigt zu werden. Er kann es sich leisten, sich durch ein Verbot auch einmal vorübergehend unbeliebt zu machen. Er ist nicht erpressbar. Und weil er Bestätigung nicht bei anderen sucht, sondern sich selbst genug davon geben kann, ist er in der Lage, andere zu bestätigen. Das heißt, er kann ein Kind ermutigen und es darin unterstützen, ein positives Selbstbild aufzubauen. Und er fühlt sich nicht bedroht, wenn ihn sein eigenes Kind schließlich überflügelt. Vielmehr kann er sich darüber freuen und stolz auf das Kind sein. Weil er sich selbst achtet, wird er auch vom Kind geachtet. Dieses respektiert ihn, und das ist eine wesentliche Voraussetzung dafür, dass Erziehung gelingt.

Menschen mit innerer Stärke ruhen in sich. Sie glauben an sich, sind zuversichtlich, dass sich letzten Endes alles lösen und zum Guten wenden lässt. Darum verlieren sie nicht so schnell den Kopf. Sie können auch dann Ruhe bewahren und souverän handeln, wenn ihre Kinder sie vor Herausforderungen stellen. Sie bleiben Herr der Situation, auch wenn sie betroffen sind und schmerzliche Gefühle verspüren. Sie sind ihren Kindern und ihren Erziehungsaufgaben gewachsen. Welche Fähigkeiten dazu gehören und wie man sie entwickelt, wird uns im letzten Kapitel beschäftigen.

Zum Schluss noch ein Hinweis: Aus der Definition der natürlichen Autorität als Produkt der Faktoren *Sachkompetenz*, *Beziehungskompetenz* und *innere Stärke* ergibt sich, dass dieses gegen Null tendiert, sobald auch nur ein einziger Faktor gegen Null tendiert. Natürliche Autorität braucht also sowohl Sachkompetenz als auch Beziehungskompetenz als auch innere Stärke. Fehlt ein Faktor, lässt sich der Mangel nicht durch die anderen beiden Faktoren ausgleichen.

Beziehungskompetenz

Die Beziehungsgestaltung hat sehr viele Aspekte. Auf den folgenden Seiten möchte ich mich vor allem mit jenen Aspekten der Beziehung zum Kind befassen, die für die Erziehungsfähigkeit von Bedeutung sind. Erwachsene können durch ungeschicktes Verhalten Barrieren aufbauen, die beim Kind zu Blockaden führen. Danach haben die Erwachsenen ihren Einfluss verspielt, und das Kind ist nicht mehr bereit, sich von ihnen etwas sagen zu lassen. Es lehnt alle Einflussversuche ab. Meist steht eine tiefe Kränkung dahinter: Das Vertrauen des Kindes wurde enttäuscht. Denn im Grunde wollen Kinder ihre Eltern lieben und sehnen sich nach jemandem, der sie an die Hand nimmt, auf sie aufpasst und ihnen die Welt erklärt. Auch Jugendliche wollen behütet und angeleitet sein. Und sie brauchen Grenzen, denn Grenzen geben Orientierung und verleihen Sicherheit. Auch das Selbstbewusstsein hat etwas mit dem Bewusstsein der eigenen Grenzen zu tun. Ein Erwachsener, der seinen Einfluss auf ein Kind verloren hat, hat also in der Regel etwas getan, was das Vertrauen zerstört und diesen Verlust herbeigeführt hat. Manchmal ist der Vertrauensverlust so schwer, dass das Kind ihn auch auf andere Erwachsene überträgt. So können beispielsweise Jugendliche, die kein Vertrauen mehr zu ihren Eltern haben, auch ihren Lehrern und anderen Erwachsenen nicht mehr vertrauen. In extremen Fällen gibt es dann niemanden mehr, von dem sie sich überhaupt etwas sagen lassen und deren Ratschläge sie respektieren. Das ist schlimm, denn die jungen Menschen sind dabei sehr unglücklich. Und sie sind noch nicht erwachsen genug, um selbst die Verantwortung zu übernehmen, weshalb sie sich auch nicht selbst helfen können. Vielmehr fühlen sie sich furchtbar allein und legen es oft darauf an, sich selber und der Welt zu beweisen, wie cool und unabhängig sie sind, dass sie niemanden brauchen und ihnen alles egal ist. Diese vermeintliche Coolness und Unberührbarkeit bilden einen Abwehrmechanismus, der den Schmerz nicht mehr so groß, die Angst nicht mehr so deutlich erscheinen lässt.

Der Vertrauensverlust geschieht oft auf leise und unspektakuläre Weise. Dabei ist für beide Seiten meist nicht gleich erkennbar, was sich gerade abspielt. Eine achtlos dahin geworfene Bemerkung des Erwachsenen, das Überhören eines kindlichen Signals, das im Alltagsgetöse untergeht – je öfter sich solch scheinbar banale Ereignisse wiederholen, desto mehr nimmt die Beziehung Schaden und desto mehr Vertrauen und Einfluss verliert der Erwachsene. Irgendwann ärgert er sich dann, dass das Kind nicht mehr zuhört, wenn er mit ihm spricht, dass es sich gegenüber seinen Bedürfnissen gleichgültig zeigt, dass es „schwierig" geworden ist … Dies alles lässt sich verhindern, wenn man sich bewusster und gekonnter um die Beziehungsgestaltung kümmert. Wie das gelingen kann, soll uns auf den nächsten Seiten beschäftigen.

Beziehung pro-aktiv gestalten

Die dreijährige Luise weigert sich, ihren Anorak anzuziehen. Die Mutter möchte mit ihr das Haus verlassen, weil sie etwas zu erledigen hat, doch Luise will sich um keinen Preis ihren Anorak anziehen lassen. Als die Mutter mit dem Anorak kommt, wehrt sie sich mit Händen und Füßen und versucht wegzulaufen. Die Mutter ist unerbittlich und zwängt das sich sträubende Kind in das wärmende Kleidungsstück. Aber anschließend ist sie missgestimmt und spricht in der nächsten halben Stunde kaum ein Wort mit ihrer Tochter. Auch als Luise sich wieder gefangen hat und fröhlich vor sich hin plappert, ist die Mutter einsilbig und abweisend.

Der neunjährige Sebastian hat zu wenig für seine Deutscharbeit geübt. Erst einen Tag zuvor hat er seiner Mutter den zu übenden Diktattext gezeigt, so dass sie nur an diesem einen Nachmittag mit ihm üben konnte. Jetzt hat er eine schlechte Note geschrieben, und die Mutter ist sehr ent-

täuscht. Sie nimmt es ihrem Sohn übel, dass er sich nicht genug angestrengt und nicht genug mit ihr geübt hat. Seitdem sie sein schlechtes Diktat unterschreiben musste, ist sie schlecht gelaunt.

Die Mütter in diesen beiden Beispielen weisen eine Gemeinsamkeit auf: Sie machen nämlich ihr eigenes Verhalten vollständig vom Verhalten des Kindes abhängig. So ist Luises Mutter ärgerlich, weil Luise sich nicht bereitwillig zum Ausgehen fertig machen lassen wollte. Dabei entspricht Luises Verhalten ganz ihrem Alter! Schließlich befindet sie sich in der Trotzphase, weshalb jederzeit mit heftiger und nicht immer erklärbarer Gegenwehr gerechnet werden muss. Es ist unsinnig, Luise dieses Verhalten übel zu nehmen und sie dafür mit abweisendem Verhalten zu bestrafen. Das macht die ganze Situation nur schlimmer. Und welche Lehre sollte Luise wohl daraus ziehen?

Einen ähnlichen Fehler begeht auch Sebastians Mutter: Sie nimmt es ihrem Sohn übel, dass er sie nicht genug in seine Vorbereitungen für die Klassenarbeit einbezogen hat. Aber Sebastian ist neun Jahre alt! Er hat gerade erst damit begonnen, seine Schularbeiten selbst in die Hand zu nehmen und zu lernen, Verantwortung für seine Leistungen zu übernehmen. Ein solcher Lernprozess dauert und schließt Misserfolge ein.

Beide Mütter verhalten sich unklug, aber wer von uns kann sich nicht von Zeit zu Zeit bei solchen Verhaltensweisen ertappen?! Es ist ganz natürlich, dass wir auf das Verhalten unserer Kinder emotional reagieren. Leider vermittelt dies den Kindern keine sinnvollen Lektionen. Luise lernt dabei höchstens: Wenn ich meinen eigenen Willen zeige, werde ich nicht mehr geliebt. Und Sebastian lernt: Wenn ich mir nicht von Mutter helfen lasse, bin ich aufgeschmissen und sie ist beleidigt. Das sind nun ganz gewiss nicht die Lektionen, die die beiden Mütter ihren Kindern erteilen wollten!

Würde man sie mit diesem Ergebnis konfrontieren, wären sie vermutlich erschrocken.

Was ist hier falsch gelaufen? Bei beiden Müttern liegt das Problem in ihrem unreflektierten *Re*agieren auf der emotionalen Ebene. Das Kind verhält sich altersgemäß und löst damit natürlicherweise im Erwachsenen ein Gefühl aus. Diesem geben die hier geschilderten Erwachsenen einfach nach. Sie überlegen nicht, wie sie die Beziehung zu ihrem Kind am liebsten hätten, und wählen nicht souverän das entsprechende Verhalten dazu. Sie geben nicht bewusst einen Kurs vor, sondern verhalten sich im Grunde genauso impulsiv wie ihre Kinder. Hätten sie innegehalten und sich überlegt, wie sie die Beziehung zu ihrem Kind eigentlich gestalten möchten, hätten sie sich damit die Chance gegeben, sich geschickter zu verhalten.

Wir Erwachsenen haben die Verantwortung dafür, welche Beziehung sich zwischen uns und unseren Kindern entwickelt! *Wir* sind die Reifen, die Lebenserfahrenen. Deshalb dürfen wir nicht auf das Verhalten unserer Kinder warten, um dann darauf impulsiv zu reagieren. Vielmehr sollten wir pro-aktiv vorgehen: Das bedeutet: Wir machen uns klar, welche Art von Beziehung zu unseren Kindern unserer Idealvorstellung entspricht, um dann unser eigenes Verhalten in die von uns gewünschte Richtung zu lenken. Auf diese Weise erzeugen wir beim Kind beinahe automatisch die dazu passende Reaktion. Es ist ein Prozess, der sich selbst verstärkt. Unser Handeln setzt diesen Prozess in Gang, indem wir pro-aktiv vorgehen, statt das Verhalten des Kindes zum Auslöser für unser eigenes zu machen. Der *Re*agierende überlässt das Steuer dem anderen. Aber unsere Kinder sind noch viel zu jung und unerfahren, um Beziehungen verantwortungsbewusst steuern zu können. Das ist eine Aufgabe für uns Erwachsene!

Luises Mutter müsste inzwischen bemerkt haben, dass sich Luise im Trotzalter befindet. Darum wäre es klug, Luise eini-

ge Minuten vorher über das geplante Verlassen des Hauses zu informieren, damit sie sich innerlich darauf einstellen kann und nicht plötzlich aus ihrem Spiel herausgerissen wird. Diese Ankündigung verringert die Wahrscheinlichkeit eines Trotzanfalls. Sollte das Kind dennoch trotzig reagieren, müsste die Mutter überlegen: Wie möchte ich diesen Nachmittag haben? Will ich mir wirklich die Laune verderben lassen und mich aus Zorn Luise gegenüber abweisend verhalten? Will ich sie für ihren Trotz mit meinem Groll bestrafen? Oder will ich den Nachmittag mit Luise genießen? Wenn sie sich dafür entscheidet, den Nachmittag mit ihrer Tochter zu genießen, dann kann sie etwas dafür tun, dass Luise schnell aus ihrem Trotzanfall herauskommt und wieder gut gestimmt ist. Die Mutter muss selbst die gute Laune herstellen, die sie sich für sich und Luise wünscht. Aber dazu muss sie sich erst Klarheit über ihre Gedanken und Wünsche verschaffen und anschließend aktiv werden.

Sebastians Mutter könnte ganz ruhig sagen: „Schau, Sebastian, das ist schief gegangen, weil du nicht genug geübt hast. Ich finde es gut, wenn du selbst entscheidest, wie oft wir beide ein Diktat zusammen üben, aber vielleicht ist es besser, wenn du beim nächsten Mal früher mit dem Text zu mir kommst. Was meinst du dazu?" Auf diese Weise würde sie ihrem Sohn eine Beziehung anbieten, in der er die Möglichkeit hat, Verantwortung für sich zu übernehmen, sie aber ein wachsames Auge auf ihn haben kann, solange er dazu noch nicht in ausreichendem Maße in der Lage ist.

Es ist also sehr wichtig, dass wir Erwachsenen eine Idee davon entwickeln, wie unsere Beziehung zum Kind aussehen sollte. Wir brauchen eine Zielvorstellung, ein Idealbild, und dann tun wir alles, um diese Vorstellung Wirklichkeit werden zu lassen. Wir warten nicht ab, wie sich unser Kind verhält, um dann unüberlegt zu *re*agieren, sondern nehmen das Verhalten des Kindes zur Kenntnis und überlegen, wie wir im Sinne unserer Idealvorstellung darauf eingehen können. Das verlangt nicht nur viel Überlegung sondern auch viel Disziplin. Aber schließlich sind *wir* die Erwachsenen ...

Wir Erwachsenen tragen die Verantwortung dafür, welche Beziehung sich zwischen dem Kind und uns entwickelt. Das setzt voraus, dass wir eine Vision davon haben müssen, was eine gute Beziehung ausmacht. Danach gilt es, diese Vision zu verwirklichen.

Wie stellen Sie sich die ideale Beziehung zu Ihrem Kind vor?

Was tun Sie bereits dafür? Was können Sie außerdem noch tun?

Es gibt Bedingungen, unter denen sich Beziehungen besonders positiv entwickeln können, sodass alle Beteiligten sich wohl fühlen und die Beziehung als bereichernd erleben. Dazu gehören besonders:

Höflichkeit und Freundlichkeit

Natürlich ist Höflichkeit lediglich eine Formsache und zählt nicht einmal zu den Tugenden, denn auch Schurken können höflich sein. Dennoch erleichtert ein bisschen Höflichkeit das Miteinander erheblich. Sie sorgt für eine gewisse Liebenswürdigkeit im täglichen Umgang miteinander. Das hebt die Laune und stimmt freundlich. Höflichkeit signalisiert Achtung vor dem anderen. Man zeigt damit, dass man sich um ihn bemüht, dass er es wert ist, gut behandelt zu werden. Auf dieser Grundlage mag dann auch die eine oder andere Unstimmigkeit behoben werden, ohne das gute Einvernehmen zu stören und zu gefährden. Höfliches Verhalten mag sogar geeignet sein, die täglichen Anlässe zum Ärger auf ein Minimum zu reduzieren. Man ist ganz einfach mil der gestimmt, wenn man Höflichkeit und Freundlichkeit erfährt, selbst wenn man mit dem Verhalten des Gegenübers noch lange nicht einverstanden zu sein braucht. Aber Höflichkeit demonstriert immerhin, dass dem anderen an einem guten Verhältnis gelegen ist. Da fällt es dann viel schwerer, ihm böse zu sein … Natürlich darf Höflichkeit nicht übertrieben und zu keinem Korsett werden. Sie soll lediglich das Leben erleichtern und das Miteinander angenehmer gestalten. Also wäre es gut, hin und wieder mit den Kindern zu besprechen, wie viel Höflichkeit sinnvoll ist und deshalb erwartet werden darf.

Ich erinnere mich an Situationen, in denen meine Kinder nach Hause kamen, ohne meinen Gruß zu erwidern. Entweder verschwanden sie wortlos in ihren Zimmern oder wollten wissen, was es zum Essen gäbe. Ich habe dieses Verhalten meist als Missachtung erlebt und schließlich darauf bestanden, dass die Kinder meinen Gruß höflich erwiderten, wenn ich ihnen die Tür öffnete. Diese Regel kam uns allen zugute, denn ich konnte freundlicher mit ihnen umgehen, wenn ich mich nicht missachtet fühlte.

Gerechtigkeit und Fairness

Der neunjährige Mark und seine zwölfjährige Schwester Sarah dürfen nachmittags beide den Computer für eine Stunde nutzen. Die Eltern haben diese Zeit festgesetzt, nachdem Mark manchmal stundenlang vor dem Computer gesessen und alle anderen Dinge darüber vernachlässigt hatte. Heute hat Sarah allerdings eine Ausnahmeerlaubnis: Weil sie ein Referat für die Schule schreibt, darf sie so lange im Internet recherchieren, wie es nun mal dauert, bis sie alle nötigen Informationen gesammelt hat. Nach anderthalb Stunden kommt Mark empört zu seinem Vater und verlangt, seine Schwester müsse nun endlich den Computer für ihn freigeben, da er heute noch gar nicht an der Reihe war. Außerdem fordert er, den Computer genauso lange benutzen zu dürfen wie Sarah. Er findet es ungerecht, wenn sie länger davor sitzen darf als er.

Der fünfjährige Tom heult vor Wut: Er hat gerade beobachtet, wie seine Mutter sich ein Stück Schokolade in den Mund geschoben hat, aber sie weigert sich, ihm auch von der Schokolade etwas zu geben. Stattdessen packt sie die Reste der Tafel wieder ein und verstaut sie hoch oben im Schrank, wo Tom nicht hinauf reicht. „Wenn du dein Gemüse gegessen hast", sagt sie mit fester Stimme, „bekommst du auch einen Riegel Schokolade." Tom findet das äußerst ungerecht, dass seine Mutter einfach so Schokolade essen darf und er erst Gemüse essen muss. „Du bist gemein!", schleudert er ihr entgegen.

Wüssten Sie, was in diesen Situationen jeweils zu tun wäre, was das Richtige ist? Ich nicht. Ich weiß nur eines: Es wird verflixt schwer sein, hier allen Seiten gerecht zu werden. Aber genau das ist es, was die Kinder von uns verlangen: Sie wollen Gerechtigkeit. Sie möchten ihre Bedürfnisse genauso ernst genommen wissen wie die Bedürfnisse irgendeiner anderen Person. Und wenn wir ihnen das Gefühl geben, sie ungerecht zu behandeln, haben wir verspielt. Dann bröckelt wieder ein Stück des Vertrauens ab, das sie als kleine Kinder so selbstverständlich in uns gesetzt haben. Sie wissen dann: Achtung, ich kann mein Wohl nicht den Großen überlassen, es liegt ihnen nicht genügend am Herzen.

Was also ist zu tun? Eine Antwort fällt schon deshalb schwer, weil wir Situationen manchmal nicht gut genug durchschauen, um entscheiden zu können, worin eine faire Lösung bestünde. Hinzu kommt, dass die Vorstellungen der Beteiligten von Fairness sehr unterschiedlich ausfallen können. Es ist also unmöglich, jedem immer und in jeder Situation gerecht zu werden.

Unsere einzige Möglichkeit besteht darin, uns sichtbar um Gerechtigkeit und faire Behandlung zu bemühen. Aus diesem Grunde sollten wir unsere Entscheidungen möglichst transparent machen. Und wenn uns eine Situation überfordert, können wir das ruhig sagen. Wichtig ist, dass jedes Kind sich mit seinen Bedürfnissen wahrgenommen fühlt und unser Bemühen erkennt, ihm gerecht zu werden. Auf diese Weise bleibt das Vertrauen auch dann erhalten, wenn ein Kind tatsächlich einmal das Gefühl hat, zu kurz gekommen zu sein.

Bedingungslose Akzeptanz

Wahre Macht ist Kind der Liebeskraft.
(MICHEL DE MONTAIGNE)

Die Liebe ist die subtilste Macht der Welt.
(MAHATMA GANDHI)

Liebe ist die beständigste Macht der Welt.
(MARTIN LUTHER KING)

Unser Einfluss auf ein Kind ist dann am größten, wenn es sich von uns geliebt weiß. Und da Erziehung Beeinflussung ist, gehört Liebe dazu. Eltern wissen das, und den meisten fällt es zunächst ganz leicht, ihr Kind zu lieben. Dennoch ergeben sich mit der Zeit Situationen, die das Lieben ein bisschen schwerer machen.

Liane und Volker haben sich große Mühe gegeben, ihrem Sohn Jens eine Freude zu machen. Liane hat neue Vorhänge für sein Zimmer genäht, und während er übers Wochenende bei einem Freund war, haben sie und Volker bis tief in die Nacht hinein Jens' Zimmer in seiner Lieblingsfarbe renoviert. Als Jens nach Hause kommt, ist er zwar überrascht, aber er erkennt mit keinem Wort an, was seine Eltern für ihn getan haben. Stattdessen kritisiert er das Muster auf den Vorhängen.

Anna ist ein stilles und zurückhaltendes Kind. Sie vermeidet es, Aufmerksamkeit auf sich zu ziehen. Als ihre Klasse Vorbereitungen für das Schulfest trifft, wird ihr eine tragende Rolle in einem Theaterstück angeboten. Doch Anna lehnt ab. Als die Mutter davon erfährt, wird sie wütend. Annas Zurückhaltung macht sie ungeduldig, sie wünschte, Anna wäre mutiger und würde sich mehr hervortun. Zu gern hätte sie ihre Tochter beim Schulfest auf der Bühne gesehen.

Wir alle haben Wünsche für unsere Kinder. Wir möchten, dass es ihnen gut geht, und haben Maßstäbe dafür, was ein gutes Leben ausmacht. So wünschen wir uns, dass sie Freude an den Dingen haben, die uns erfreuen, dass sie wichtig nehmen, was uns wichtig ist, kurz: dass sie so sind, wie wir uns das ideale Kind vorstellen, und so leben, wie es unserer Idealvorstellung entspricht. Und wir können sie durch unsere Erziehung tatsächlich auch oft dahin lenken. Doch tatsächlich sind unsere Kinder keine weiche Knetmasse, die sich in jede beliebige Form bringen lässt. Unserem Einfluss sind Grenzen gesetzt. Und wenn wir an sie stoßen, fühlen wir uns meist enttäuscht. Wir sind mit dem Verhalten unserer Kinder nicht einverstanden, respektieren und schätzen es nicht, halten es nicht für wertvoll. Wir würden ein anderes Verhalten vorziehen. Selbstverständlich spüren die Kinder unsere Missbilligung und Enttäuschung und fühlen sich nicht angenommen. Dies wiederum schadet gewaltig unserer Beziehung zu ihnen.

Doch wie können wir das verhindern? Die Enttäuschung wird sich, dadurch dass wir sie als schädlich erkennen und uns verbieten, nicht in Luft auflösen. Ich denke, es gibt hier nur eine Lösung: Wir müssen bewusst zulassen, dass unsere Kinder eigenständige Wesen mit eigenen Eigenschaften, Fähigkeiten und Vorlieben sind. Wenn wir uns nicht zu sehr mit ihnen identifizieren, sind wir auch nicht so enttäuscht, wenn sie sich nicht entsprechend unseren Wünschen verhalten. Unsere Arbeit besteht in diesem Falle darin, uns so schnell und gründlich wie möglich überflüssig zu machen. Alles, was wir für die Kinder tun, legen wir nach und nach in ihre Hände, bis sie schließlich alles selbst für sich tun können. Sie müssen und werden selbst entscheiden, was zu ihnen passt. Alles, was wir tun können, ist, ihnen Angebote zu machen, damit sie zu sich selbst finden: „Wenn du magst, kannst du mit uns wandern gehen", „Wenn du möchtest, darfst du eine Rolle in unserem Stück übernehmen"... Nehmen sie unser Angebot nicht an, sind wir natürlich erst einmal enttäuscht. Dann gilt es, neue und vielleicht besser passende Angebote zu machen. Vielleicht sollten wir uns genau darauf konzentrieren, immer wieder vielfältige Angebote zu machen. Dabei kann das Kind viele verschiedene Erfahrungen machen und herausfinden, was am besten zu ihm passt. Und wir können uns freuen, wenn wir etwas angeboten haben, das gut angenommen wurde. Doch ganz gleich, wie sich ein Kind entscheidet: Es braucht unsere Zustimmung zu seiner Wahl, unsere Erlaubnis, die Person zu sein, die es ist. Wir müssen es in seiner Wahl bestätigen, es wissen lassen: Du bist liebenswert und wunderbar so, wie du bist.

Wenn ein Kind geboren wird, dann ist das, als hätte uns jemand eine Tüte mit wertvollen Blumensamen geschenkt. Leider wissen wir nicht, um welche Samen es sich dabei handelt. Die Tüte trägt keine Aufschrift. Wir müssen erst herausfinden, was sich in der Tüte befindet. Aber im Grunde spielt das keine Rolle. Wir lassen die Samen keimen und bringen die Blumen zum Blühen – aus dem einfachen Grunde, dass wir Blumen lieben.

Grundsätzliches Wohlwollen

Betrachten wir noch einmal das Beispiel von Jens, dessen Eltern während seiner Abwesenheit mit viel Liebe sein Zimmer in seiner Lieblingsfarbe renovieren. Was sollen die Eltern von der Kritik ihres Sohnes halten und was sollen sie zu seinem sonst gleichgültigen Verhalten sagen? Alles hängt davon ab, wie sie sein Verhalten interpretieren. Sie könnten sich beispielsweise Folgendes dabei denken:

1. „So ein undankbarer Bengel! Da sieht man wieder, wie selbstbezogen die Kinder heutzutage sind. Die haben es gar nicht verdient, dass man sich so große Mühe mit ihnen macht!“

2. „Vielleicht hätten wir ihn nicht einfach mit dem neuen Zimmer überraschen dürfen. Vielleicht haben wir seinen Geschmack nicht genau getroffen. Vielleicht wäre es klüger gewesen, vorher alles mit ihm abzusprechen.“

3. „Jens ist mit der Situation sicher überfordert. Wir haben ihn sehr überrascht, und er kann im Moment noch gar nicht bewusst wahrnehmen, was wir für ihn getan haben und wie viel Mühe uns das gekostet hat.“

4. „Da haben wir wieder mal den Beweis: Als Mutter oder Vater hat man doch eine richtig undankbare Rolle. Man gibt alles und bekommt nichts zurück. Kein Wunder, dass sich mittlerweile so viele Leute gegen Kinder entscheiden!“

Was glauben Sie, welche der Interpretationen zutrifft? Sie wissen es nicht? Ich ebenfalls nicht, und das ist normal. Wir können nämlich nie genau wissen, was hinter einer bestimmten Reaktion unseres Gegenübers steckt, wir können darüber lediglich Vermutungen anstellen. Uns bleibt gar nichts anderes übrig, als sein Verhalten zu interpretieren, dann eine dazu passende Reaktion zu wählen und zu schauen, was passiert.

Interessant ist allerdings die Frage, wie sich die unterschiedlichen Interpretationsweisen der Eltern auf ihre Beziehung zu Jens auswirken können:

1. Im ersten Fall sind die Eltern empört. Deswegen werden sie Jens Vorwürfe machen und ihm die Schuld an ihrer Enttäuschung geben. Das löst bei Jens mit hoher Wahrscheinlichkeit Widerstand aus. Er wehrt sich gegen die elterlichen Vorwürfe. Beide Seiten fühlen sich unverstanden und frustriert.

2. Im zweiten Fall entwickeln die Eltern Zweifel an der Richtigkeit ihres eigenen Verhaltens. Sie machen ihrem Sohn keinen Vorwurf. Sie können ihn jetzt einfach fragen, ob ihr Verhalten in seinen Augen unklug war, und können sich mit ihm über das Vorgehen bei zukünftigen Renovierungen einigen. Jens fühlt sich angenommen und ernst genommen. Er wird mit hoher Wahrscheinlichkeit kooperieren.

3. Im dritten Fall nehmen die Eltern an, Jens zeige sich nur deshalb undankbar, weil ihn die Situation überfordere. Sie unterstellen ihm, dass er ein warmherziger und zur Dankbarkeit fähiger Junge ist, der nur im Augenblick seine Dankbarkeit nicht zeigen kann. Deswegen gehen sie freundlich und geduldig auf ihn ein, auch wenn sie über seine mangelnde Dankbarkeit und Begeisterung vielleicht enttäuscht sind. Sie lassen seine Kritik großzügig zu, obwohl dieses Verhalten ihrem Empfinden nach nicht angemessen ist.

4. Im letzten Fall erleben sich die Eltern als Märtyrer. Sie machen den Sohn für ihr Unglück verantwortlich. Ihre stummen oder offen ausgesprochenen Vorwürfe werden zur Belastung für die ganze Familie.

Es liegt auf der Hand, welche der elterlichen Reaktionen die Beziehung langfristig am günstigsten beeinflussen: Das werden vor allem jene sein, die von einem tiefen Wohlwollen getragen sind, wie es im zweiten und dritten Fall erkennbar wird. Hier unterstellen die Eltern ihrem Sohn nichts Böses, sie glauben an ihn und suchen die Ursache für seine unbefriedigende Reaktion in ihrem eigenen Verhalten bzw. in der Situation. Ob sie damit Recht haben, ist nicht einmal so wichtig. Von wirklicher Bedeutung ist die Frage, was sie damit auslösen. Unterstellen die Eltern ihrem Sohn Negatives, wird er sich dagegen wehren oder trotzig schweigen. Unterstellen sie ihm hingegen Positives, kommen sie mit ihm ins Gespräch. Ihre Beziehung nimmt keinen Schaden, und sie können die Angelegenheit gemeinsam besprechen und klären.

Das Wohlwollen der Erwachsenen löst beim Kind positive Reaktionen aus. Diese wiederum verstärken das dem Kind entgegengebrachte Wohlwollen, sodass eine positive Dynamik in Gang gesetzt wird.

Es ist sehr viel klüger, dem Kind großzügig Gutes zu unterstellen, als Schlechtes von ihm anzunehmen und sein Verhalten negativ zu interpretieren. Das ist eine Empfehlung, die wir schon bei Goethe finden können, der geschrieben hat:

Wer die Menschen behandelt,
wie sie sind, macht sie schlechter.
Wer die Menschen aber behandelt,
wie sie sein könnten, macht sie besser.

Wenn wir also von den Kindern Gutes annehmen, rufen wir es mit hoher Wahrscheinlichkeit hervor. Wohlwollen ist einfach die intelligentere Haltung.

Dennoch bleibt hier eine Frage offen. Bei allem Wohlwollen bleibt es doch nicht aus, dass wir uns hin und wieder kräftig über das Verhalten eines Kindes ärgern und ganz und gar nicht damit einverstanden sind. Denn selbstverständlich ist nicht jedes kindliche Verhalten akzeptabel, und selbstverständlich haben wir manchmal Grund, uns zu ärgern. Kinder tun eben mitunter Dinge, die wir ihnen trotz wohlwollender Grundhaltung und ausgeprägter Großzügigkeit beim besten Willen nicht durchgehen lassen können und wollen. Ist es möglich, sie wohlwollend zurechtzuweisen, ihnen wohlwollend Grenzen aufzuzeigen?

Das ist es in der Tat und fällt uns oft nur deswegen so schwer, weil wir das störende und nicht akzeptable Verhalten des Kindes nicht günstig interpretieren. Wir sehen darin einen persönlichen Angriff, eine Rücksichtslosigkeit oder eine Gleichgültigkeit. Wir sind unangenehm überrascht, gekränkt oder gar empört und reagieren entsprechend heftig. Tatsächlich entsteht das inakzeptable Verhalten des Kindes nicht aus dem Wunsch, den Erwachsenen zu ärgern. In aller Regel steckt etwas anderes dahinter:

- *Die dreijährige Lea spuckt ihre Mutter an. Sie will einfach wissen, was passiert, wenn man jemanden anspuckt.*

- *Der fünfzehnjährige Oliver ist ausgesprochen launisch und behandelt seine Eltern mal von oben herab, mal freundlich, mal ignoriert er sie, mal ist er überempfindlich und blitzschnell eingeschnappt, mal widerspricht er bei jeder Gelegenheit. Sie wissen nie, woran sie bei ihm sind. Das liegt daran, dass Oliver hin und her gerissen ist. Eigentlich liebt er seine Eltern, trotzdem möchte er sich von ihnen lösen, um eigene Wege zu gehen. Er pendelt zwischen dem Wunsch nach Nähe und dem Wunsch nach Eigenständigkeit.*

- *Die achtjährige Anne kommt von der Schule nach Hause und benimmt sich den Geschwistern gegenüber ausgesprochen zänkisch. Sie provoziert sofort einen Streit und schlägt ihre kleine Schwester. In der Schule wurde sie von einer*

Freundin gehänselt und vor den anderen Kindern blamiert. Sie weiß mit ihrer Enttäuschung und ihrem Schmerz nicht umzugehen.

- *Der siebenjährige Lukas respektiert kein Eigentum. Er nimmt sich, was er braucht, ganz gleich, wem es gehört. Seine Mutter hat ihn immer dazu angehalten, sein Spielzeug mit anderen Kindern zu teilen; diese Regel überträgt er nun auch auf das Eigentum seiner Familienmitglieder.*

- *Die zwölfjährige Franziska hat nach dem Umzug der Familie das Gefühl, in ihrer neuen Klasse nicht akzeptiert zu sein. Sie gehört einfach nicht dazu. Sie glaubt, wenn sie nur anders aussehen und sich anders zurechtmachen würde, hätte sie es leichter. Da die Eltern nach dem Umzug erst einmal knapp bei Kasse sind, klaut Franziska in einer Boutique ein T-Shirt.*

- *Der vierzehnjährige Robert hat der Mutter versprochen, ein paar Dinge im Haushalt zu erledigen. Er sieht durchaus ein, dass es nur fair ist, wenn jeder in der Familie mit anpackt und einen Teil der Arbeit übernimmt. Aber dann findet er einen interessanten Chatroom im Internet. Als die Mutter am späten Nachmittag nach Hause kommt, sitzt Robert am Computer, und nichts von dem, was er tun sollte, ist erledigt.*

- *Die neunjährige Larissa hat eine wichtige Klassenarbeit verhauen. Dabei braucht sie unbedingt gute Noten, denn jetzt entscheidet es sich, auf welche weiterführende Schule sie gehen wird. Ihre Mutter ist Ärztin, ihr Vater Personalchef eines großen Unternehmens, und beide Eltern gehen wie selbstverständlich davon aus, dass Larissa das Gymnasium besuchen wird. Das Mädchen schämt sich für seine Leistung und möchte seine Eltern nicht durch die schlechte Note enttäuschen. Darum zeigt es den Eltern die Arbeit nicht, sondern fälscht die Unterschrift der Mutter.*

Es gibt viele Gründe für Kinder, inakzeptables Verhalten zu zeigen: Angst und Scham, Überforderung, mangelnde Kenntnisse der Regeln, zu viel Ablenkung, die Sehnsucht nach Anerkennung, innere Not, Unwissen und Unsicherheit u.v.m. Auch wenn das daraus resultierende Verhalten nicht akzeptiert werden kann, sind all diese Gründe nachvollziehbar. Und keines dieser Motive würde es rechtfertigen, dass wir den Kindern unser Wohlwollen entziehen. Was sie tun, tun sie nicht aus Bösartigkeit, sondern weil sie sich im Moment nicht anders zu helfen wissen. Wir dürfen ruhig davon ausgehen, dass auch das nicht akzeptable Verhalten eines Kindes die beste Lösung darstellt, die ihm im Augenblick zur Verfügung steht. So gesehen ist jede seiner Verhaltensweisen ein Kooperationsangebot des Kindes: das beste Angebot, das es momentan zu machen imstande ist. Etwas Besseres hat es in dieser speziellen Situation nicht anzubieten. Wenn wir nun den Kindern Grenzen setzen, wenn wir ihnen deutlich machen, dass wir mit ihrem Verhalten nicht einverstanden sind, muss und kann das also auf der Grundlage einer durchgehend wohlwollenden Haltung geschehen.

Woran aber würde ein Kind das Wohlwollen der Erwachsenen erkennen, wenn diese ihm doch gerade mitteilen, dass sie mit seinem Verhalten nicht einverstanden sind? Wenn sie es mit der Unannehmbarkeit seines Verhaltens konfrontieren? Damit das von den Eltern empfundene Wohlwollen sich in einer solchen Situation auch dem Kind mitteilt, müsste die kritische Botschaft der Eltern

- von Respekt getragen sein;
- frei sein von negativen Unterstellungen;
- frei von Vorwürfen sein;
- frei von Bewertungen sein.

Und wie müsste eine solche Botschaft formuliert werden? Der amerikanische Psychologe Thomas Gordon hat dazu eine ausgezeichnete Idee: Er schlägt vor, die Botschaft, mit der wir Kritik üben, in drei Schritte aufzuteilen.

Schritt 1

Sie teilen dem Kind zunächst mit, um welchen Aspekt seines Verhaltens es geht. Dies tun Sie, ohne einen Vorwurf oder eine Bewertung einfließen zu lassen. Sie beschreiben dem Kind sein Verhalten, als wären Sie eine Kamera und würden eine Szene wiedergeben. Das kann dann beispielsweise so klingen:

„Sven, als du gestern Nachmittag nach Hause kamst, hast du deine Sporttasche im Durchgang abgelegt, und da liegt sie auch jetzt noch."

„Maja, du hast ohne zu fragen mehrfach mein Handy benutzt und insgesamt über zwei Stunden damit telefoniert."

„Jens, wir haben das ganze Wochenende hart gearbeitet, damit du ein schönes Zimmer bekommst. Du hast dazu nichts weiter gesagt, als dass du das Muster auf den Vorhängen uncool findest."

Schritt 2

Sie erklären dem Kind, welche Nachteile sein Verhalten für Sie mit sich bringt und warum Sie überhaupt ein Problem darin sehen. Hier geht es also um die konkreten negativen Konsequenzen. Die könnten beispielsweise lauten:

„Als ich gerade mit dem Wäschekorb durch die Tür gegangen bin, habe ich die Sporttasche nicht gesehen und bin darüber gestolpert. Schau, mein Knie wird schon blau."

„Ich habe gerade meine Handyrechnung erhalten und gesehen, dass ich nun eine Menge Geld für deine Telefonate bezahlen muss. Dieses Geld fehlt mir dann für andere Dinge."

Beachten Sie, dass nicht jedes Verhalten, das Ihnen missfällt, auch konkrete Folgen für Sie hat. Wenn Jens seinen Eltern für ihre Mühe nicht dankt und ihre Arbeit nicht anerkennt, hat das keine konkreten Auswirkungen für die Eltern. In diesem Fall fällt der zweite Schritt der Konfrontation weg.

Schritt 3

Zuletzt machen Sie dem Kind klar, welche Gefühle die entstandenen Konsequenzen in Ihnen auslösen:

„Sven, mein Knie tut verdammt weh, und ich bin stocksauer, dass du deine Tasche nicht weggeräumt hast."

„Maja, ich bin damit sehr unzufrieden. Ich arbeite hart und möchte mein Geld auf keinen Fall für deine Handygespräche ausgeben."

„Jens, es verletzt mich, dass du nur Kritik übst, aber mit keinem Wort anerkennst, was wir für dich getan haben."

Die so entstehenden Botschaften sind eindringlich und lassen keinen Zweifel daran, dass wir vom Kind eine Änderung seines Verhaltens wünschen. Sie zeigen deutlich auf, welchen Aspekt des kindlichen Verhaltens wir meinen und was dieses Verhalten für uns sowohl praktisch als auch gefühlsmäßig bedeutet. Wenn wir unsere Konfrontation auf diese Weise formulieren, dann stellt sie lediglich eine Information dar, die auf einen Zusammenhang hinweist und dem Kind vermittelt: „Schau, wenn du … tust, ergibt sich für mich daraus etwas Unangenehmes, nämlich …" Damit ermöglichen wir dem Kind, die Dinge einmal mit unseren Augen zu betrachten und sich in uns einzufühlen. Wir unterstellen dem Kind nichts, bewerten und verurteilen es nicht. Wir informieren es tatsächlich nur über einen bestimmten Zusammenhang. Tragen wir unsere Kritik auf diese Weise vor, kann sie unser Kind leichter annehmen. Und sie wird mit hoher Wahrscheinlichkeit auch die Kooperationsbereitschaft des Kindes wecken. Wenn wir unserer Unzufriedenheit in dieser Form Ausdruck verleihen, dann schonen wir die Beziehung und vermeiden es, die Gefühle des Kindes zu verletzen.

Doch sieht der Alltag meist anders aus. Und niemand bringt Erwachsenen bei, wie sie mit Kindern sprechen müssen, damit ihre Beziehung zu ihnen keinen Schaden nimmt und die Kinder nicht ihre Selbstachtung verlieren.

Um Sie dafür ein wenig zu sensibilisieren, möchte ich nun an einem Beispiel durchspielen, was passieren kann, wenn wir unbedacht sprechen: Nehmen wir einmal folgende Situation an:

Die zehnjährige Karla hat sich, ohne zu fragen, ein paar Euro aus dem Geldbeutel der Mutter genommen und ist dabei erwischt worden. Ihre Mutter ist empört, reagiert spontan und bedenkt nicht ihre Worte.

Sie könnte auf vielerlei Wiese reagieren.

1. befehlen, anordnen
   „Du legst sofort das Geld zurück! Und dann denkst du mal über dein Verhalten nach!"

Die Wahrscheinlichkeit, dass Karla wirklich über ihr Verhalten nachdenkt, scheint mir in diesem Fall nicht sehr groß zu sein. Sie weiß längst, dass es nicht in Ordnung ist, sich einfach Geld aus einer fremden Börse zu nehmen. Die Reaktion der Mutter hilft ihr nicht weiter. Denn die Mutter fragt nicht einmal nach Karlas Motiven, womit sie Strenge und Desinteresse signalisiert. Ihre Beziehung zu Karla ist distanziert.

2. warnen, drohen
   „Wenn ich noch einmal sehe, wie du Geld aus meiner Börse nimmst, dann kannst du was erleben!"

Die Mutter droht, und Karla wird sich innerlich distanzieren. Sie fühlt sich bestimmt nicht angenommen und verstanden. Auch hier will die Mutter nichts über Karlas Motive wissen.

3. moralisieren, predigen
   „Man darf doch kein Geld aus einer fremden Börse nehmen, Karla! Stehlen ist etwas sehr Hässliches, und ich hätte nie gedacht, dass du mir das antun würdest. Zumindest in der Familie muss man sich doch vertrauen können!"

Hier wird Karla das Verwerfliche ihres Tuns vor Augen geführt. Karla muss schon ein ziemlich dickes Fell haben, um sich jetzt nicht schlecht zu fühlen. Die Predigt der Mutter hilft ihr ganz bestimmt nicht weiter und schafft eine Kluft zwischen ihr, der Sünderin, und der rechtschaffenen Mutter.

4. Ratschläge geben
   „Karla, wenn du endlich lernen würdest, dein Taschengeld richtig einzuteilen, dann bräuchtest du mich jetzt nicht zu bestehlen. Du musst dir zu Beginn eines jeden Monats genau überlegen, was du mit deinem Geld anfangen möchtest und außerdem regelmäßig einen kleinen Teil des Geldes zurücklegen. Dann hast du immer genug Geld für Wichtiges und Unvorhergesehenes. Das ist gar nicht so schwer."

Hier wird Karla belehrt und von oben herab behandelt. Auch das schafft Distanz. Karla steht wie ein Dummerchen vor ihrer Mutter. Tatsächlich hat sie nicht um Rat gebeten, weshalb sie sich den Rat ihrer Mutter höchstwahrscheinlich auch nicht zu Herzen nehmen wird. Bekommt sie häufiger solche ungebetenen Ratschläge erteilt, wird sie irgendwann gar nicht mehr hinhören. Auch hier erhält Karla keine Gelegenheit zu erklären, was los ist.

5. belehren, Vorträge halten
„Karla, keiner von uns kann alles haben, was er will. Wir müssen alle auf das eine oder andere verzichten. Auch du musst das lernen, das gehört zum Leben dazu. Und es ist keine Lösung, einem anderen Geld wegzunehmen!"

Hier gilt dasselbe wie für die Ratschläge. Auch ein Vortrag hilft Karla nicht weiter. Sie bleibt mit ihrem Problem allein.

6. verurteilen, kritisieren, Vorwürfe machen
„Wie kannst du nur so etwas tun? Das ist doch glatter Diebstahl! Sag mal, schämst du dich nicht?"

Das ist heftig, und Karla wird sich jetzt entweder erbittert verteidigen oder sich von der Mutter zurückziehen. Keinesfalls ist hier die Beziehung durch gegenseitiges Wohlwollen charakterisiert. Was Karla auch immer zu ihrem Verhalten bewogen haben mag – die Mutter bringt kein Verständnis dafür auf. Karla ist und bleibt mit ihrem Problem allein.

7. loben, schmeicheln
„Aber Schatz, was tust du denn da bloß? So ein Benehmen passt doch gar nicht zu dir."

Die Mutter hat ein so durchgängig positives Bild von Karla, dass sie ihr nicht zugesteht, etwas derartiges zu tun. Das mag auf den ersten Blick schmeichelhaft sein, aber die Mutter gibt damit zugleich zu verstehen, dass sie Karla nicht ernst nimmt und nicht so akzeptiert, wie sie ist. Die „dunklen" Seiten in Karlas Wesen werden damit einfach geleugnet statt zugelassen und angeschaut zu werden. Karla kann sich jetzt ihrer Mutter nur schwer anvertrauen. Und sie entwickelt Schuldgefühle, weil sie eben doch viel „schlechter" ist als die Mutter glaubt.

8. lächerlich machen
„Was ist los mit dir? Planst du eine Karriere als Taschendieb? Da wirst du aber noch viel üben müssen!"

Es wird hier sehr schwer für Karla sein, ernsthaft mit ihrer Mutter zu reden. Die Mutter lädt nicht zu einem offenen Gespräch ein. Ihre Ironie beschämt und schafft Distanz. Karla wird sich weder angenommen noch verstanden fühlen.

9. interpretieren, analysieren, diagnostizieren
   „Karla, ich kann mir vorstellen, warum du so etwas tust. Sicher fühlst du dich seit der Geburt deines kleinen Bruders zurückgesetzt. Und du willst dich entschädigen für all die Zeit, die ich jetzt statt mit dir mit dem Baby verbringe."

Selbst wenn das stimmen sollte – wird es in dieser Form vorgebracht, wird es Karla schwer fallen zuzugeben, dass die Mutter Recht hat. Es liegt etwas Überhebliches darin, wie die Mutter hier mit ihrer Tochter spricht. Keinesfalls klingt das wie eine Einladung zum Gespräch.

10. fragen, verhören
    „Wie kommst du nur dazu, so etwas zu tun? Hast du das etwa schon öfter gemacht? Ist das jetzt üblich bei euch, tun deine Freunde das vielleicht auch, ja? Oder hast du dir das ganz allein ausgedacht? Was soll das? Was glaubst du wohl, wohin das führt, wenn jeder sich einfach alles nimmt, was er haben möchte? Hast du dir das schon mal überlegt?"

Die Fragen prasseln auf Klara herab. Man kann sich fast bildhaft vorstellen, wie sie sich duckt. Sie erhält kaum Gelegenheit, etwas zu sagen. Sie steht unter dem Druck, sich zu rechtfertigen, ihr Verhalten zu erklären, ohne dass man jedoch den Eindruck hat, die Mutter sei wirklich an den Antworten interessiert. Es ist fast ausgeschlossen, dass sich unter solchen Bedingungen ein offenes und konstruktives Gespräch ergibt. Obwohl die Mutter lediglich Fragen stellt, scheint Klara ihr Schuldspruch bereits sicher zu sein.

Brechen wir die Demonstration hier ab. Es gibt noch

eine ganze Menge ähnlicher Möglichkeiten. Thomas Gordon spricht in diesem Zusammenhang von Kommunikationsblockaden. Sie machen ein wirkliches Gespräch unmöglich, sondern erzeugen im Kind eher den Wunsch, sich der Gegenwart des Erwachsenen möglichst rasch zu entziehen. Reagieren Erwachsene gewohnheitsmäßig mit Kommunikationsblockaden, wird das Kind irgendwann die Kommunikation mit ihnen auf das Nötigste beschränken.

Natürlich ist es nicht in Ordnung, wenn Karla der Mutter Geld aus der Börse nimmt. Aber sie hat gute Gründe dafür, jedenfalls aus ihrer Sicht. Und nur wenn die Mutter respektvoll und wohlwollend reagiert, wird sich Karla ihr anvertrauen können. Die Mutter muss Karla selbstverständlich eine Grenze setzen und klar machen, dass sie ein solches Verhalten nicht duldet. Jedoch kann sie nur dann wirklich Einfluss auf ihre Tochter nehmen, wenn sie Klara wohlwollend und respektvoll gegenüber tritt.

Empfindet man Respekt für Menschen,
so, wie sie sind, kann man ihnen besser helfen,
besser zu werden, als sie sind.
JOHN GARDNER

Humor

Der Alltag mit Kindern ist nicht nur schön und bereichernd, sondern kann auch sehr belastend sein. Es gibt nichts, was nicht schief gehen könnte. Negative Gefühle sind ebenso selbstverständlich wie positive. Dass sich so manches mit Humor leichter ertragen lässt, ist eine Binsenwahrheit. Lachen ist so ansteckend wie Gähnen und so befreiend wie Niesen. Man vermutet, dass das menschliche Lachen ursprünglich als Reaktion auf die Misshelligkeiten des Lebens entstanden ist. Auf diese Weise begegneten unsere Vorfahren der Angst und dem Schrecken. Lachen war zunächst eine rettende Reaktion auf die Zumutungen des Lebens. Später entwickelte sich das Lachen dann zum Selbstzweck.

Man macht Andeutungen, spielt mit Worten, erzählt komische kleine Begebenheiten, die sowohl wahr als auch erfunden sein dürfen – alles nur, um die Zuhörer zum Lachen zu bringen. Inzwischen hat man gar den therapeutischen Wert des Lachens entdeckt. Lachen ist gesund, stärkt das Immunsystem und löst Spannungen.

Sie haben viel gewonnen, wenn Sie im Zusammenleben mit Kindern ein Klima schaffen, in dem oft gelacht wird:

1. Humor bedient sich der Anspielung, der Übertreibung, des Wortspiels oder der Verdichtung – alles Mittel, um auf leichte Weise minder leichte Inhalte zur Sprache zu bringen. Dadurch wird eine Angelegenheit weniger dramatisch und verliert an Schwere. Mit Humor kann man manchmal Dinge ansprechen, die man ernsthaft nicht recht anzusprechen weiß. Es ist mitunter weniger bedrohlich, mit Anspielungen, Übertreibungen, Wortspielen etc. zu hantieren, als die Dinge beim Namen zu nennen. Wenn Sie beispielsweise ein schwieriges Thema mit einem witzigen Wortspiel einleiten, erleichtern Sie allen Beteiligten die Auseinandersetzung damit. Denn Lachen schafft Leichtigkeit und auch eine gewisse Distanz.

2. Für einen kleinen Moment wird im Witz Verbotenes und Gefürchtetes ins Lächerliche gezogen. Wenn Sie einen Witz machen, entsteht für einen Augenblick ein klein wenig Freiheit. Sogar existentielle Angst kann auf diese Weise sekundenlang ihren Schrecken verlieren, weil sie eine komische Komponente erhält. Verdrängtes wird für eine kurze Dauer ans Licht geholt und bewusst gemacht. Es darf plötzlich sein, erweist sich als erlaubt und harmlos. In diesem Sinne entsteht Erleichterung.

3. Lachen verbindet. Lachen stimmt freundlich. Es ist immer gut für die Beziehung, wenn Sie gemeinsam mit Ihrem Kind lachen.

4. Wenn Kinder häufig Grund zum Lachen haben, wenn Humor Teil ihrer Familienkultur geworden ist, hilft ihnen das, fröhlich zu sein und Dinge auch außerhalb der Familie mit Humor zu betrachten. Sie werden mehr Spaß haben, werden andere zum Lachen bringen und man wird sie deswegen sympathisch finden – sie haben es einfach leichter.

Natürlich sind dabei ein paar Dinge zu beachten. Denn Sie können durchaus auch Schaden anrichten, wenn Sie das Instrument des Humors unbedacht verwenden. So gibt es Erwachsene, die wichtigen Dingen nicht den nötigen Ernst widmen. Sie ziehen Ernstes und Belastendes allzu bereitwillig ins Lächerliche. Sie drücken sich vor Gesprächen, bei denen sie Farbe bekennen müssten. Stattdessen blödeln sie herum. Sie benutzen den Humor um auszuweichen. Aber natürlich erfordert die Beziehung zu einem Kind auch die explizite Auseinandersetzung mit ernsthaften Inhalten. Wir dürfen schwierigen Gesprächen nicht aus dem Weg gehen, wir müssen uns stellen und die Dinge beim Namen nennen. Zudem empfiehlt es sich, umsichtig zu sein, wenn man einen Scherz macht. Denn schnell fühlt sich jemand verletzt. Im Zweifelsfall verzichten Sie lieber auf einen Scherz. Achten Sie immer darauf, *mit* den anderen zu lachen und nicht *über* sie. Humor hat den Zweck, Menschen in einen angenehmeren Zustand zu bringen. Dies erfordert einen sensiblen Umgang.

Ein Problem in meiner Familie ist, dass die Familienmitglieder vor allem abends zusammen kommen, wenn sich nach der Geschäftigkeit des Tages alle wieder zu Hause einfinden. Dann sind wir müde, und wenn wir nicht Acht geben, kann sich eine gereizte Stimmung breit machen. Von Humor keine Spur. Wenn ich müde bin, fällt es mir schwer, witzig zu sein und die anderen zum Lachen zu bringen. Und den anderen geht es natürlich ähnlich. Wir haben dafür eine einfache

Lösung gefunden: Während ich das Abendessen vorbereite, läuft bei uns manchmal der Fernseher und wir sehen uns zusammen eine gute Sitcom an. Auf diese Weise lachen wir gemeinsam, die Spannung des Tages löst sich, es wird geblödelt und mitunter entwickelt sich aufgrund der oft hintergründigen und intelligenten Filmszenen ein Gespräch über durchaus ernste Inhalte.

Authentizität und Ehrlichkeit

Eine Beziehung kann es nur geben, wenn es Beziehungspartner gibt. Sie sind einer davon. Mit Ihrer Persönlichkeit gestalten Sie das Geschehen. Ihre Äußerungen und Handlungsweisen lösen beim Kind etwas aus. Was für ein Partner sind Sie ihm?

Wenn wir mit Kindern leben, ist es völlig unmöglich, uns vor ihnen zu verstecken. Auch ungewollt geben wir Informationen über uns preis. Die Kinder erkennen unsere Unsicherheiten, unsere kleinen Schwächen und Laster und können aus nächster Nähe miterleben, wie wir uns hier und da zum Affen machen. Dummheiten und Peinlichkeiten, Ungeschicklichkeiten und miese Laune – keiner von uns ist frei davon und keiner kann dergleichen vor seinen Kindern verbergen.

Die Frage ist lediglich: Wie gehen wir damit um? Sollten wir den Kindern nicht in allem ein Vorbild sein? Natürlich sollten wir das, und zwar ein menschliches! Sie werden doch nicht so tun wollen, als wären Sie ein(e) Heilige(r)?! Sie sind definitiv nicht perfekt und in mancherlei Hinsicht wohl eher ein negatives Vorbild als ein leuchtendes Beispiel. Na und? Die Erziehung eines Menschen ist niemals abgeschlossen, diese Aufgabe bietet genug Arbeit für ein ganzes Leben. Es ist in Ordnung, dass Sie nicht alles souverän richtig machen: Sie dürfen Ihre Fehler haben und Ihre Dummheiten begehen. Versuchen Sie erst gar nicht, den Kindern weismachen zu wollen, Sie wären schon fertig mit Ihrer eigenen Erziehung.

Beate ist mit ihren vier Kindern sehr beschäftigt und hat darüber den Geburtstag ihrer Mutter vergessen. Die alte Dame zeigt sich nun sehr beleidigt, und Beate ist zerknirscht. Die Kinder helfen Beate bei den Überlegungen, wie sie das wieder gutmachen kann. Dabei entstehen auch eine Menge alberner Vorschläge, und die Stimmung wird sehr ausgelassen.

Stefan hatte einen schweren Tag. Als er nach Hause kommt, benimmt er sich sehr gereizt. Die Kinder lassen ihn daraufhin respektvoll in Ruhe.

Der Vater hat den Wagen falsch geparkt. Sein elfjähriger Sohn wird Zeuge, wie ein anderer Autofahrer den Vater erbost zur Rede stellt. Der Vater reagiert kleinlaut, da er weiß, dass sein Verhalten nicht in Ordnung war. Er entschuldigt sich und sucht keine Ausflüchte.

Die Erwachsenen in diesen Beispielen zeigen ein Verhalten, das keineswegs über jeden Zweifel erhaben ist. Man kann sie dafür kritisieren. Aber sind sie deswegen schlechte Eltern? Verdienen sie etwa nicht, dass ihre Kinder ihnen vertrauen? Sollten sie vielleicht versuchen, ihr Fehlverhalten vor den Kindern zu verbergen oder es zu überspielen? Sicher nicht, denn das wäre gar nicht möglich. Wenn der Vater beispielsweise gereizt ist, kann er das gar nicht überspielen, seine Reizbarkeit wird sich immer in irgendeiner Form offenbaren. Er kann nur auf sein Ruhebedürfnis hinweisen und um Rücksichtnahme bitten.

Erziehung fordert immer die ganze Person. Sie können ein Kind nicht erziehen, indem Sie achtzehn Jahre lang eine Rolle spielen: die Rolle der perfekten Mutter/des perfekten Vaters/der perfekten Lehrerin etc. Denn erstens kann sich kein Mensch so sehr zusammennehmen, dass man nicht doch hinter der Rolle den Menschen aus Fleisch und Blut, mit all seinen Eigenheiten, erkennt. Und zum anderen gibt es die perfekte Mutter, den perfekten Vater gar nicht. Es gibt zwar in der Erziehung von Kindern Fehler, die man unbedingt vermeiden sollte, weil sie Schaden anrichten. Ebenso gibt es unzweifelhaft Dinge, die ein Kind unbedingt lernen sollte, damit es zu einem lebensfrohen und lebenstüchtigen Menschen heranwachsen kann. Aber niemand kann generell sagen, wie Erziehung im Einzelnen konkret aussehen muss. Es gibt viele Möglichkeiten, Situationen im Leben mit Kindern zu gestalten bzw. auf Situationen zu reagieren. Was es hingegen nicht gibt, ist die einzig richtige Erziehung. Es geht deshalb weniger um die Frage nach „richtig" oder „falsch", sondern um die Gestaltung von Erziehung. Sie werden Ihre Kinder auf Ihre ganz eigene und individuelle Weise erziehen. Sie werden ihnen Erfahrungen vermitteln, die nur Sie ihnen auf diese einzigartige Weise vermitteln können. Sie gestalten die Erziehung Ihrer Kinder mit Ihrer ganzen Person, unverwechselbar und unnachahmlich.

So ist es mir beispielsweise immer schwer gefallen, mit meinen Kindern zu spielen. In meiner Idealvorstellung spielen Mütter voller Hingabe mit ihren Kindern, aber leider mag ich keine Rollenspiele. Wenn ich beispielsweise „Kaufladen" spielen sollte, hat mich das immer unendlich gelangweilt. Ebenso sind mir alle Arten von Gesellschaftsspielen verhasst. Trotzdem gibt es natürlich in der Entwicklung von Kindern Phasen, in denen sie leidenschaftlich gern Rollen- oder Gesellschaftsspiele spielen. Anfangs habe ich mich deshalb gezwungen mitzuspielen. Das ist mir aber nur begrenzt gelungen. Denn meist habe ich ganz schnell schlechte Laune entwickelt, die ich kaum unter Kontrolle halten konnte. Es war für meine Kinder kein Vergnügen, mit mir zu spielen. Schließlich habe ich mir erlaubt, eine Mutter zu sein, die nicht mit ihren Kindern spielt. Ich habe anderen das Spielen über-

lassen und stattdessen mit meinen Kindern das getan, was mir persönlich ebenfalls Vergnügen bereitete: vorlesen, erzählen, basteln, zusammen kochen, spazieren gehen, die Natur erkunden etc. Natürlich ist es schade, dass ich nicht in der Lage war, mit ihnen auch das Vergnügen des gemeinsamen Spielens zu teilen. Aber so ist es nun einmal: ich bin dafür nicht die Richtige, es passt nicht zu mir.

Natürlich wäre es von Nachteil gewesen, wenn meine Kinder keinen Ersatz für mich gefunden hätten. Jeder von uns Erwachsenen hat gewisse Einseitigkeiten, weshalb es ratsam erscheint, Kindern den Umgang mit vielen Menschen zu ermöglichen. Dann können sie auch vielerlei Erfahrungen machen, und die Defizite der engsten Betreuungspersonen erfahren einen Ausgleich. Diese Defizite allerdings vollständig ausmerzen oder einfach verstecken zu wollen, ist sinnlos. Wir sind die, die wir sind: auf dem Weg, jedoch nicht fertig, guten Willens, jedoch nicht perfekt. Das muss genügen und ist in Ordnung so.

Es macht keinen Sinn, den Kindern weismachen zu wollen, wir seien jemand anderes. Sie werden uns durchschauen. Wenn sie die Lüge entdecken, entziehen sie uns ihr Vertrauen. Und damit würden wir unseren Einfluss auf sie verlieren. Sie würden unseren Worten nicht länger Glauben schenken.

Trotzdem werden wir ihnen natürlich nicht alles mitteilen, was uns durch den Kopf geht. Es gibt Dinge, die sie nicht wissen müssen oder sollten. So dürfen Partnerschaftsprobleme der Erwachsenen nicht in allen Einzelheiten mit den Kindern besprochen werden. Andererseits ist es auch nicht ratsam, beharrlich dazu zu schweigen, obwohl die Luft vielleicht schon zum Schneiden dick ist. Hier gilt es abzuwägen, wie viel man den Kindern jeweils mitteilt und wann der richtige Zeitpunkt dafür ist. Wenn sie bereits spüren können, dass irgendetwas los ist, sollte man nicht schweigen und so tun, als wäre alles in Ordnung. Doch niemals dürfen Kinder dazu benutzt werden, uns Erwachsene in Krisensituationen zu entlasten. Das hätte nichts mit Ehrlichkeit zu tun, sondern würde eine Art von Missbrauch darstellen.

Als Erwachsene sollten wir in unserem Sprechen und Handeln echt sein. Unser Denken und Fühlen einerseits und unser Sprechen und Handeln andererseits sollten sich decken. Wir sollten sprechen, wie wir denken, und handeln, wie wir sprechen. Dann sind wir für unsere Kinder greif- und berechenbar. Sie können uns einschätzen und wissen, woran sie sind. Sie können sich in uns einfühlen, können sogar mitunter Rücksicht auf uns nehmen und Verständnis für unsere Bedürfnisse aufbringen. Zudem steckt Ehrlichkeit an: Wenn wir echt und ehrlich sind, kommt das einer unausgesprochenen Aufforderung an die Kinder gleich, sich ebenfalls authentisch zu geben. Es ermutigt sie, sich zu zeigen, wie sie sind, und gibt ihnen das Gefühl, als Personen mit all ihren Eigenschaften willkommen zu sein. Vielleicht kommen Sie nicht immer darum herum, dem Kind gegenüber unehrlich zu sein. Vielleicht gibt es Umstände, unter denen Sie es für das Beste halten, dem Kind etwas vorzumachen. Denken Sie aber daran, dass jede Täuschung und jede Unehrlichkeit, bei der das Kind Sie erwischt, sein Vertrauen in Sie schmälert und damit Ihren Einfluss verringert.

Zuletzt noch ein paar Worte zum kommunikativen Aspekt von Authentizität und Ehrlichkeit: Eltern, die sich ihren Kindern als Person offen zeigen und sich nicht hinter ihrer Rolle verstecken, benutzen so genannte Ich-Botschaften. Im folgenden Beispiel können Sie prüfen, wie das klingt:

Der Großvater hat Geburtstag und lädt die Familie in ein gutes Restaurant ein. Die elfjährige Laura langweilt sich unter all den Erwachsenen und beginnt, mit ihrem Besteck zu spielen, nimmt das Messer probeweise in die falsche Hand und gestaltet auf ihrem Teller kleine Landschaften aus Bratensoße und Kartoffelbrei. Der Großvater, der das beobachtet, raunt ihr warnend zu: „Man spielt nicht mit dem Essen und dem Besteck!" Die Mutter, der Lauras Verhalten ebenfalls auffällt, sagt hingegen: „Laura, es gefällt mir nicht, was du mit deinem Besteck und deinem Essen anstellst. Ich fürchte, man wird glauben, ich hätte dir keine guten Manieren beigebracht, und das wäre mir peinlich."

Was glauben Sie, welche Botschaft bei Laura besser ankommt, die des Großvaters oder die der Mutter? Der Großvater hat nichts weiter anzuführen als eine allgemeine Regel nach dem Muster: „Das tut man nicht". Die Mutter hingegen spricht persönlich und ermöglicht es ihrer Tochter, sich in sie hinein zu versetzen. Was wirkt wohl überzeugender? Und welche Botschaft ist besser geeignet, Nähe herzustellen zwischen dem Kind und dem Erwachsenen?

Wenn wir mit unseren Kindern sprechen, tun wir gut daran, „ich" zu sagen statt „man" oder „du". Das hat eine Vielzahl von Gründen:

1. Wer „ich" sagt, wird als Person erkennbar und gibt etwas von sich preis. Das ist die Voraussetzung dafür, dass das Kind zum Erwachsenen überhaupt in Beziehung treten kann.

2. Die Selbstöffnung des Erwachsenen wirkt als unausgesprochene Aufforderung an das Kind, sich ebenfalls zu öffnen. Sicher hätte Laura kein Problem, der Mutter mitzuteilen: „Aber mir ist so langweilig."

3. Ich-Botschaften dienen der Klarheit. Lauras Mutter teilt unmissverständlich mit, worum es geht: Das Verhalten der Tochter missfällt ihr und sie hat Angst, von der Tochter blamiert zu werden. Die Mutter sorgt damit für Transparenz. Das ermöglicht es der Tochter, die Situation besser

einzuschätzen. Auf dieser Grundlage kann sie dann auch leichter Verantwortung für ihr Handeln übernehmen. Und darum geht es letzten Endes in der Erziehung: dass Kinder lernen, Situationen einzuschätzen und ihre Reaktionen bewusst und selbstverantwortlich zu wählen. Die Botschaft des Großvaters hingegen ist weit weniger klar. Er führt zur Argumentation lediglich eine allgemein gültige Regel an, die er seiner Enkelin nicht erläutert. Warum sollte aber ein Kind eine Regel befolgen, deren Sinn ihm nicht einleuchtet?

4. Mit Ich-Botschaften können wir der Eskalation vorbeugen. Wenn die Mutter sagen würde: „Hör auf damit, das tut man nicht!", oder: „Was machst du denn da? Kannst du dich bei Tisch nicht vernünftig benehmen?", dann könnten diese Botschaften das Kind leicht zum Widerspruch reizen. Wenn die Mutter hingegen sagt: „Mir gefällt das, was du tust, aus folgenden Gründen nicht …", dann spricht sie nur über sich selbst. Und für sich ist sie unleugbar Expertin. Das Kind wird diese Information zur Kenntnis nehmen, ohne sich persönlich angegriffen zu fühlen. Denn die Mutter hat das Verhalten der Tochter weder bewertet noch hat sie ihr einen Vorwurf gemacht.

5. Indem die Mutter „ich" sagt statt „man" oder „du", übernimmt sie die Verantwortung für das Gesagte. Sie bekennt ihr Gefühl von Peinlichkeit und versteckt sich nicht hinter einer hohlen Benimmregel. Das Verhalten der Mutter ist einer erwachsenen Person angemessen, die zu sich steht und sich erlaubt, so zu sein, wie sie ist. Die Mutter besitzt Selbstachtung, die Voraussetzung dafür, dass ihr auch andere Menschen Respekt entgegenbringen.

Authentizität und Ehrlichkeit sind die Voraussetzung dafür, in Beziehung zu treten und Nähe herzustellen. Statt eine Rolle zu spielen, sollte sich der Erwachsene dem Kind als die Person zeigen, die er ist. Nur so kann er Vertrauen herstellen. Die Authentizität des Erwachsenen zeigt sich auch sprachlich: Er sagt „ich" und nicht „du" oder „man".

Verständnis

Nicht da ist man daheim, wo man seinen Wohnsitz hat, sondern wo man verstanden wird.
CHRISTIAN MORGENSTERN

Jeder Mensch hat das tiefe Bedürfnis, verstanden zu werden. Wir wollen uns mitteilen können und in unseren Gefühlen und Sichtweisen von anderen bestätigt werden. Wir sehnen uns nach jemandem, der uns ins Herz schaut und das, was er da erblickt, in Ordnung findet.

▶ *Niklas möchte in den Ferien an dem Zeltlager teilnehmen, das die Gemeinde für Kinder zwischen acht und zwölf Jahren anbietet. Leider überschneidet sich der Termin mit dem Familienurlaub, so dass Niklas auf das Zeltlager verzichten muss. Darüber ist er sehr enttäuscht. Die Mutter sagt: „Aber Niklas, das ist doch nicht so schlimm! In Dänemark haben wir so ein schönes Ferienhaus! Da kannst du auch baden gehen und im Wald spielen." Niklas reagiert aufgebracht. Er schreit die Mutter an und erklärt, er wolle überhaupt nicht in das blöde Dänemark fahren und dass da alles langweilig sei. Dabei war er noch nie dort … Die Mutter schüttelt mit dem Kopf und verlangt, er solle sie nicht anschreien, sondern Vernunft annehmen. Daraufhin verlässt er das Zimmer und wirft die Tür heftig hinter sich zu.*

Auch Lara möchte an dem Zeltlager teilnehmen, aber ihre Mutter hat die Anmeldefrist nicht beachtet und sie nicht rechtzeitig angemeldet. Nun sind bereits alle Plätze belegt. Lara heult vor Wut und macht der Mutter bittere Vorwürfe. Diese kann die Gefühle der Tochter nachvollziehen und sagt: „Lara, es tut mir so leid. Ich kann deine Enttäuschung verstehen und auch, dass du jetzt wütend auf mich bist."

Mit ihrer Reaktion signalisiert die Mutter gleich zweierlei: indem sie die Gefühle „Wut" und „Enttäuschung" benennt, beweist sie, dass sie Lara versteht. Ihre Worte signalisieren Lara zudem, wie berechtigt diese Gefühle sind, so berechtigt, dass die Mutter sich sogar für ihr Verhalten entschuldigt. Sie lässt diese Gefühle zu, redet sie ihrer Tochter nicht aus und sucht auch keinen billigen Trost, sondern erlaubt es Lara, genau so zu fühlen, wie sie es gerade tut. Lara macht die Erfahrung, in ihrer Reaktion auf das Geschehen wahrgenommen und anerkannt zu werden. Und obwohl sich Laras Wut gegen die Mutter richtet, wird durch das von der Mutter zum Ausdruck gebrachte Verständnis eine Verbindung zwischen Mutter und Tochter geschaffen. Sie dient als Basis für das nachfolgende Gespräch.

Niklas' Mutter verwendet Kommunikationsblockaden und macht damit die Situation noch schlimmer. Denn jetzt ist Niklas nicht nur wütend und enttäuscht, sondern er hat zusätzlich auch noch einen Konflikt mit der Mutter. Sie erkennt seine Gefühle nicht an, spricht ihm das Recht darauf ab, findet sein Verhalten unvernünftig. Niklas muss sich in dieser Situation ganz elend und allein fühlen.

Wir haben in der Regel eine ausgeprägte Kultur von Kommunikationsblockaden entwickelt, die allesamt den Kindern negative Botschaften vermitteln: *„Stell dich doch nicht so an!"* bedeutet: „Deine Gefühle sind unangemessen." *„Was ist denn jetzt schon wieder los?"* bedeutet: „Du strapazierst grundlos meine Geduld." *„Jetzt fang bloß nicht wieder damit an!"* bedeutet: „Dein Anliegen hat keine Berechtigung." Die

Liste ließe sich beliebig fortführen. Die Botschaft dahinter ist aber immer dieselbe und lautet: „Du bist nicht in Ordnung. Ich kann das beurteilen, denn ich weiß Bescheid. Ich bin der Maßstab für dich. Und ich habe kein Verständnis für dein Verhalten. Du musst dich ändern."

Natürlich hat das gravierende Auswirkungen auf die Beziehung. Solange ein Kind noch sehr klein ist, wird es dem Erwachsenen glauben. Es denkt dann wirklich, seine Gefühle und Bedürfnisse seien unangemessen und unberechtigt. Da es auf die Zustimmung und Zuwendung der Erwachsenen noch vollständig angewiesen ist, wird es nichts tun wollen, womit es den Unmut der Erwachsenen weckt. Deswegen wird es versuchen, sie möglichst nicht mit seinen erklärtermaßen unangemessenen Wünschen und Gefühlen zu konfrontieren. Aber natürlich funktioniert das nicht immer. Denn wenn ein Kind sich beispielsweise sehr frustriert und wütend fühlt, dann kann es eine solch heftige Regung einfach nicht verbergen. Es wird also die Erwachsenen ungewollt damit konfrontieren und erneut negative Reaktionen hervorrufen. So kommt es manchmal zu immer wiederkehrenden Konflikten. Das jeweilige konkrete Problem bleibt ungelöst und das Kind gewinnt schließlich den Eindruck, nicht gut zu sein. Immer wieder zieht es den Zorn der Erwachsenen auf sich und glaubt, diesen Zorn verdient zu haben. Es wird also mit der Zeit die Überzeugung entwickeln, dass mit ihm etwas nicht stimmt. So entsteht ein negatives Selbstbild.

Oder aber, was genau so schlimm ist, es gelingt dem Kind tatsächlich, seine vermeintlich falschen und unangebrachten Gefühle vor den Erwachsenen zu verbergen. Dabei wird das Kind einsam, denn es darf sich ja nicht so zeigen, wie es ist. Es darf sich nicht mitteilen und muss die Dinge mit sich allein abmachen. Die Beziehung zum Erwachsenen spielt sich an der Oberfläche ab. Wesentliches bleibt ungesagt und ungezeigt. In der weiteren Entwicklung wird das

Kind schließlich die unerlaubten und unerwünschten Gefühle ins Unbewusste verdrängen, so dass es sie nicht einmal selbst wahrnehmen kann. Gefühle kann man jedoch nicht einfach verschwinden lassen. Sie sind auch dann noch da, wenn sie nicht mehr bewusst wahrgenommen werden. Und sie wirken selbstverständlich im innerpsychischen Gefüge mit, sie haben eine Wirkung auf das Lebensgefühl und das Handeln des Menschen. Da sie jedoch unbewusst sind, lassen sie sich nicht gezielt beeinflussen und nutzen. Dazu sind Gefühle aber da: Sie fungieren als Signale, sie zeigen uns an, wer wir sind und was wir brauchen. Wer sich selbst nicht spüren kann, weil er zu viel ins Unbewusste verschoben hat, kann auch nicht das Leben führen, das zu ihm passt. Ihm fehlt die Intelligenz der Gefühle. Darauf werde ich im nächsten Kapitel noch ausführlich eingehen.

Was passiert jedoch, wenn wir die Gefühle des Kindes ernst nehmen und ihm Verständnis entgegenbringen? Dann vermitteln wir ihm die Botschaft:

- Ich sehe dich, du bist es wert, angesehen zu werden.
- Ich nehme Anteil an deinem Erleben, du bist mir wichtig.
- Ich kann deine Gefühle nachvollziehen, es ist ganz natürlich, dass du so fühlst. Du bist in Ordnung.

Ganz besonders wenn Kinder klein sind, ist das Verständnis der Erwachsenen noch aus einem weiteren Grund sehr wichtig: Indem der Erwachsene das Gefühl des Kindes aufnimmt, es verbalisiert und zum Thema macht, unterstützt er das Kind in seiner Selbstwahrnehmung. Der Erwachsene ist wie ein Spiegel, in dem sich das Kind selbst erkennen kann: „Aha, so bin ich also!“ Wenn der Erwachsene aber nun gewisse Gefühle beim Kind nicht zulassen mag und kein Verständnis dafür aufbringen kann, dann ist das so, als würde sich das Kind in einem beschädigten Spiegel betrachten, in dem Teile des Bildes entweder gar nicht wiedergegeben oder aber verzerrt werden. Die Selbstwahrnehmung des Kindes bleibt dann unvollständig oder erfährt eine Beschädigung.

Katja ist achtzehn Monate alt. Wenn sie badet, spielt sie an ihren Geschlechtsteilen und genießt das Gefühl, das sie dabei hat. Sie schaut die Mutter an, doch diese sieht an ihr vorbei.

Indem die Mutter Katja gezielt Aufmerksamkeit und Verständnis verweigert, vermittelt sie ihr: „Damit will ich nichts zu tun haben. Das ist nicht gut." Würde sie hingegen sagen: „Das fühlt sich gut an, nicht wahr?", würde sie Katja in ihrer Wahrnehmung bestätigen und ihr vermitteln: „Ja, Sexualität gehört zu dir und ist etwas Schönes." Im ersten Fall jedoch wird es Katja schwer fallen, Sexualität als selbstverständlichen und freudvollen Bestandteil ihres Lebens zu betrachten.

Nun bedeutet „verstehen" nicht notwendigerweise, dass wir deswegen auch mit dem Verhalten des Kindes einverstanden sind. Kinder tun vieles spontan und impulsiv, ganz ihrem Gefühl folgend. Und dann mag es wohl vorkommen, dass wir das aus diesem Gefühl resultierende Verhalten beim besten Willen nicht akzeptieren können.

Max ist eifersüchtig auf seinen kleinen Bruder. Er schlägt ihm deshalb ein Buch auf den Kopf.

Tanja hat keine Lust, beim Tischdecken zu helfen. Also versteckt sie sich im Garten und antwortet nicht, als die Eltern sie suchen und nach ihr rufen.

Es macht keinen Sinn, Gefühle bewerten zu wollen. Sie entstehen jeweils spontan als Reaktion auf eine bestimmte Situation. Wir suchen sie uns nicht aus, wir können nicht einfach entscheiden, welches Gefühl wir in einer bestimmten Situation haben wollen. Das jeweilige Gefühl ist einfach da und teilt uns etwas über uns selbst mit. Gefühle können nicht richtig oder falsch sein, sie stellen lediglich eine Information dar. Deswegen ist es völlig in Ordnung, wenn Max eifersüchtig ist und Tanja keine Lust aufs Tischdecken hat. Lediglich die aus diesen Gefühlen resultierenden Handlungen sind eine Frage der Entscheidung. Und Entscheidungen können durchaus bewertet werden. Es ist sicher keine gute Entscheidung, dem kleinen Bruder auf den Kopf zu schlagen. Und es ist auch nicht richtig, sich vor seinen Pflichten im Garten zu verstecken und nicht mal zu antworten, wenn die besorgten Eltern nach einem rufen. Das Verhalten der Kinder in diesen Beispielen brauchen wir nicht gutzuheißen, und das sollten wir ihnen auch mitteilen. Die Gefühle, die zu diesen unguten Verhaltensweisen geführt haben, sind aber grundsätzlich zu akzeptieren. Sie sagen etwas über das Kind und seine Bedürfnisse aus. Wenn wir nun mit den Kindern über ihr inakzeptables Verhalten sprechen, sollte das nicht geschehen, ohne ihnen unser Verständnis zu zeigen:

„Ich kann mir vorstellen, dass du manchmal wünschtest, dein kleiner Bruder wäre nicht da …"

„Du hast wohl keine Lust, den Tisch zu decken. Ja, das kenne ich, das geht mir auch manchmal so …"

Dann erst sollte nach besseren Lösungen gesucht werden. Eifersucht ist ein Signal für einen Mangel und führt zu der Frage: Was braucht Max? Was könnten ihm die Eltern noch geben? Was könnte er in Zukunft tun, statt seinem Bruder auf den Kopf zu schlagen? Welche Rolle hat Tanja in der Familie? Wie verhalten sich ihre Rechte und Pflichten zueinander? u. Ä.

Sie werden merken, dass die Kinder sich wesentlich kooperativer verhalten, wenn sie sich verstanden fühlen. Verständnis ruft Vertrauen hervor. Und wenn die Kinder uns vertrauen, lassen sie sich auch bereitwilliger auf unsere Sichtweisen und Bedürfnisse ein. Damit steigt die Wahrscheinlichkeit, Lösungen zu finden, die allen Beteiligten gerecht werden und die jeder als fair wahrnimmt.

> Kinder haben ein Recht auf ihre Gefühle. Es gibt keine richtigen oder falschen Gefühle, da sie allesamt Signalcharakter haben. Aus diesem Grunde sollten wir die Gefühle eines Kindes niemals bewerten. Vielmehr brauchen Kinder Verständnis. Damit sie sich zu gesunden Persönlichkeiten entwickeln können, sollten wir sie in ihren Gefühlen bestätigen. Wenn wir ihre Gefühle nachvollziehen, sie anerkennen und akzeptieren, bedeutet das jedoch nicht, dass wir mit den daraus resultierenden Verhaltensweisen einverstanden sein müssen.

Wie man ein Kind mit der Unannehmbarkeit seines Verhaltens konfrontiert, davon war bereits im Abschnitt über Wohlwollen die Rede. Aber wie bestätigt man ein Kind in seinen Gefühlen? Wie signalisiert man Verständnis? Dies geschieht mit der Technik des „aktiven Zuhörens", einer Vorgehensweise, die auch Therapeuten und Berater nutzen. Das Prinzip ist ganz einfach: Sie hören dem Kind zu, beobachten, wie es sich verhält, und schließen daraus auf seine Gefühle. Diese Wahrnehmung teilen Sie dem Kind mit. Dabei sprechen Sie aber nicht so, als wüssten Sie genau, was mit ihm los ist (das wäre nämlich vermessen und eine Kommunikationsblockade), sondern Sie teilen lediglich eine persönliche Beobachtung mit. Denn es könnte ja durchaus sein, dass Sie sich irren und die falschen Schlüsse gezogen haben …

„Ich habe den Eindruck, du bist nicht mehr gern mit Monika zusammen."

„Das hört sich ganz so an, als wärst du gar nicht glücklich darüber."

„Das sieht mir ganz so aus, als wäre dir das peinlich."

„Du scheinst das nicht besonders zu mögen."

Das Kind wird dann Ihre Wahrnehmung bestätigen oder richtig stellen. In jedem Fall fühlt es sich ernst genommen. Es nimmt Ihr Interesse an seiner Person wahr. Und es macht die Erfahrung, dass seine Gefühle in Ordnung sind, dass es die Person sein darf, die es ist. Indem Sie die Gefühle des Kindes benennen und mit ihm darüber sprechen, werden sie ihm außerdem sogar selbst noch deutlicher, und es gewinnt ein klareres Selbstbild. Erwachsene, die sich um Verständnis bemühen und es dem Kind gegenüber zum Ausdruck bringen, tun damit nicht nur etwas für die Beziehung, sondern auch für die Persönlichkeitsentwicklung des Kindes.

Für Klarheit sorgen

Kommunikation ist ein komplizierter Prozess. Wenn Sie Ihrem Kind etwas mitteilen, dann können Sie Ihre Gedanken nicht aus Ihrem Kopf direkt in den des Kindes transportieren. In der Regel fassen Sie das, was Sie vermitteln möchten, in Worte. Ihr Kind entschlüsselt diese Worte und erfasst ihre Bedeutung. Sie codieren die Botschaft, die Ihr Kind decodiert. Hier passieren immer wieder Fehler, denn es gibt nicht zwei Menschen auf dieser Welt, die genau denselben Code benutzen. Jeder drückt seine Gedanken auf ganz eigene Weise aus und nimmt dabei seine eigene Akzentuierung vor. Eine weitere Schwierigkeit entsteht dadurch, dass Sprache nicht eindeutig ist und viel Spielraum für Interpretationen lässt. So kommt es, dass Missverständnisse eher die Regel als die Ausnahme sind.

Sicher haben auch Sie schon Erfahrungen damit gemacht und wissen, wie sehr ein solches Missverständnis eine Beziehung belasten kann. Wenn wir uns nicht gegenseitig über die jeweiligen Sichtweisen, Bedürfnisse und Erwartungen informieren, geschieht es schnell, dass wir mit dem Verhalten unseres Gegenübers unzufrieden sind. Wir fühlen uns gekränkt und missachtet, wir empfinden Wut und Enttäuschung, sind traurig und verspüren den Wunsch, uns vom anderen zurückzuziehen. Dabei wäre all das zu vermeiden, wenn wir es uns angewöhnen würden, zumindest in allen wichtigen Dingen für Klarheit zu sorgen.

Robert ist mit seinem Sohn, dem achtjährigen Lukas, allein zu Hause. Lukas spielt mit seinem Technikbaukasten, und Robert möchte ein paar Dinge einkaufen gehen. Da Lukas nicht mitkommen will, sagt Robert: „Ist in Ordnung, du darfst zu Hause bleiben, ich bin ja sowieso bald zurück." Zunächst geht alles gut. Dann wird Lukas jedoch unruhig, weil der Vater nicht kommt. Als Robert schließlich nach anderthalb Stunden die Tür aufschließt, kommt ihm Lukas tränenüberströmt entgegen. „Du hast gesagt, du bist bald wieder da", wirft der Sohn dem Vater vor. Dieser reagiert ungehalten: „Bin ich doch auch", sagt er unwirsch. „Du weißt doch, dass der Baumarkt am anderen Ende der Stadt ist. Ich habe mich beeilt und bin so schnell nach Hause gekommen, wie es ging." Lukas zieht sich daraufhin beleidigt in sein Zimmer zurück, während Robert darüber nachgrübelt, ob er wirklich zu lange weg war oder ob sein Sohn klammert und zu unselbstständig ist. Später beim Mittagessen herrscht Befangenheit, Vater und Sohn reden kaum miteinander.

Es wird Besuch erwartet. Die Mutter hat bereits den ganzen Vormittag in der Küche gewerkelt, und jetzt ist die Zeit knapp. Sie muss zum Flughafen fahren, um die Gäste abzuholen. „Deckt ihr bitte den Tisch, während ich weg bin? Ich hab das nicht mehr geschafft." Die Kinder nicken. Als die Mutter mit dem Besuch zurückkommt, ist sie unangenehm überrascht: Statt im Esszimmer haben die Kinder in der Küche gedeckt und statt des guten Service haben sie das

Alltagsservice aus Kunststoff genommen. Die Mutter ist sehr unzufrieden: „Muss man denn alles selber machen? Könnt ihr denn kein bisschen mitdenken? Ihr wisst doch, dass wir Besuch haben!" Die Kinder sind wütend und verletzt: Sie haben den Tisch tadellos gedeckt, alles, was man braucht, ist da. Und vom Esszimmer und guten Geschirr hat die Mutter schließlich keinen Ton gesagt … Die Kinder werden dazu verdonnert, noch einmal den Tisch zu decken, diesmal im Esszimmer. Sie sind darüber empört und geben nicht genügend Acht, so dass ein Teller zerbricht. Die Mutter regt sich furchtbar auf, der Teller hatte schon ihrer Großmutter gehört …

In diesen Beispielen sind die Botschaften der Erwachsenen an die Kinder unklar. Der Vater sagt, er komme bald wieder, aber er spezifiziert nicht, was er mit „bald" meint, und sein Sohn hat offensichtlich ein anderes Verständnis davon. Nichts ahnend ruft der Vater im Sohn Verlassenheitsängste hervor. Der Sohn macht sie schließlich dem Vater zum Vorwurf und die Beziehung ist schwer belastet.

Die Mutter im zweiten Beispiel gibt ihren Kindern die Anweisung, den Tisch zu decken, aber sie sagt nicht, wo und wie. Ihre Anweisung ist unvollständig, wird von den Kindern deswegen falsch interpretiert und führt zu beiderseitiger Unzufriedenheit. Auch hier leidet die Beziehung unter dem Missverständnis, Mutter und Kinder sind böse aufeinander.

Dabei wäre all das leicht zu vermeiden gewesen, hätten sich die Erwachsenen nur deutlich genug ausgedrückt. Wir müssen davon ausgehen, dass Kinder vieles anders wahrnehmen und erleben als wir. So haben sie beispielsweise ein anderes Zeitgefühl. Sie verfügen generell über weniger Erfahrung als wir und können deswegen manches nicht so gut einschätzen. Vieles, was uns selbstverständlich erscheint, ist ihnen neu. Darum sind Missverständnisse etwas, womit wir rechnen müssen. Wir können dem nur vorbeugen, indem wir uns um Klarheit bemühen. Und wer das Risiko eines

Missverständnisses vermeiden will, kann sich von seinem Kind den Inhalt in dessen eigenen Worten wiedergeben lassen: *„Was hab ich gesagt, wo und wie ihr den Tisch decken sollt?“* Nur so können wir ganz sicher gehen, richtig verstanden worden zu sein.

Dasselbe gilt natürlich auch umgekehrt: Wir müssen leider auch jederzeit damit rechnen, nicht alles so zu verstehen, wie das Kind es mitteilen möchte. Auch hier haben wir die Möglichkeit, uns mit Fragen Gewissheit zu verschaffen: *„Meinst du …?“, „Willst du damit sagen, dass …?“, „Soll das heißen, du möchtest …?“* Mag sein, diese Methode erscheint ein bisschen umständlich. Sicher verlangsamt sie den Fluss der Kommunikation. Allerdings kann ein Missverständnis dazu führen, dass das Gespräch vorübergehend ganz abbricht. Da ist es dann doch besser, lieber einmal zu viel nachzufragen.

Klarheit ist nicht nur im Zusammenhang mit möglichen Missverständnissen wichtig, sondern auch unverzichtbar, wo es um die Motivation und Kooperation des Kindes geht. Wenn wir ein bestimmtes Verhalten von einem Kind fordern, müssen wir uns die Mühe machen, unsere Forderung zu begründen und Transparenz herzustellen. Wenn ein Kind nämlich nicht erkennt, warum es bestimmte Dinge tun oder lassen sollte, wird es auf Dauer kaum motiviert sein, sich entsprechend zu verhalten. Das wiederum ärgert dann die Erwachsenen, und es kommt zum Konflikt.

Mona ist zu ihrer Freundin gegangen. Auf dem Weg dorthin soll sie noch etwas in der Apotheke abholen. Die Mutter hat ihr den Abholzettel mitgegeben. Aber Mona vergisst ihren Auftrag, weil sie eine Freundin auf der Straße trifft und abgelenkt ist. Später dann, auf dem Heimweg, hat die Apotheke bereits geschlossen. Die Mutter ist sehr wütend, denn sie braucht das Medikament, das Mona hätte abholen sollen, wirklich dringend. Das hatte sie Mona aber so nicht gesagt, sondern ihr lediglich aufgetragen, „etwas“ aus der Apotheke für sie abzuholen. Jetzt wirft sie Mona vor, dass man sich nicht auf sie verlassen könne und dass sie unfähig sei, einmal etwas für andere zu tun. Mona fühlt sich nicht nur ganz und gar unverstanden, sondern auch sehr ungerecht beurteilt. Sie schmollt und redet an diesem Abend kein Wort mehr mit ihrer Mutter.

Die Mutter hat den Fehler gemacht, Mona nicht deutlich zu sagen, worum es geht und welche Bedeutung das Medikament für sie hat. Aus diesem Grunde konnte Mona die Relevanz ihres Auftrages nicht richtig einschätzen und auch nicht die nötige Verantwortung dafür übernehmen. Sie sollte lediglich einen Befehl auszuführen, dessen Sinn ihr verborgen war. Kein Wunder also, dass ihr die Sache nicht am Herzen lag und schnell vergessen wurde.

Kinder sind dann am kooperativsten, wenn sie verstehen, worum es geht und welche Rolle sie dabei spielen. Unsere Informationen müssen deshalb deutlich sein. Wir sollten ihnen unsere Forderungen transparent machen. Das ermöglicht ihnen, Zusammenhänge zu erkennen und Verantwortung zu übernehmen. Und, wie wir an diesem Beispiel sehen können, es beugt Beziehungsstörungen vor.

Innere Stärke

Wie muss eine Person sein, um ihre Erziehungsaufgabe optimal zu bewältigen? Durch welche Eigenschaften sollte sie sich auszeichnen? Es ist klar, dass wir eine gewisse Reife brauchen, um andere Menschen zu erziehen, dass wir über innere Stärke verfügen müssen, um diese große Verantwortung tragen zu können. Aber wie sieht diese Reife aus? Woran wird innere Stärke konkret erkennbar? Wie kann man sie entwickeln? Persönlichkeitsbildung ist schließlich kein Schulfach. Wir lernen entsprechende Lektionen eher zufällig und nach dem Prinzip von Versuch und Irrtum. Leider ist das nicht die schnellste und zuverlässigste Art des Lernens. Der Lernstoff wird unsystematisch dargeboten, die Lernziele sind nicht klar definiert, die Aufgaben ebenso wenig. Die Lehrer wechseln ständig und geben sich häufig nicht einmal als solche zu erkennen. Das heißt: Es gibt keine systematische Vorbereitung auf all die Aufgaben, die sich uns bei der Erziehung von Kindern stellen.

Wenn wir dann Fehler machen, nimmt man sie uns übel. Nicht nur die Kinder werfen sie uns vor. Seit Sigmund Freud die Psychoanalyse entwickelte, geht man davon aus, dass die Mütter für alles verantwortlich sind, was in der Erziehung schief geht. Schließlich verbringen sie die ersten, angeblich alles entscheidenden Jahre mit ihrem Kind. Und wenn ich mich unter meinen Freundinnen und Bekannten umschaue, scheint diese Schuldzuweisung gut zu funktionieren: Ich kenne keine Mutter, die nicht immer wieder das schlechte Gewissen plagt. Wir Mütter sind schnell bereit, uns unzulänglich zu fühlen. Das ist allerdings nicht besonders klug. Denn weder das Gefühl der Unzulänglichkeit noch ein schlechtes Gewissen machen uns kompetenter. Im Gegenteil: Sie verunsichern uns und versetzen uns in bedrückte Stimmung. Beides bekommt unseren Kindern nicht.

Wer Kinder erzieht, ganz gleich ob in der Rolle als Mutter, Vater, Lehrer, Erzieherin etc. braucht Persönlichkeitskompetenz. Und da sie einem nirgends systematisch vermittelt wird, muss sich jeder selbst darum kümmern. Nachfolgend geht es um Ihre Vervollkommnung als Person. Dieses Kapitel soll Ihnen Möglichkeiten aufzeigen, wie Sie an sich arbeiten können, um mehr persönliche Reife und innere Stärke zu entwickeln. Ich habe Ihnen alle Faktoren zusammengestellt, auf die es ankommt. Unsere Kinder profitieren davon, wenn wir an uns arbeiten, wenn wir ihnen das beste Gegenüber sind, das wir sein können. Dafür tragen wir die Verantwortung, und damit ist bereits der erste Faktor erwähnt …

Verantwortung

Blasen wir selbst in unser Segel!
STANISLAW JERZY LEC

Katrin ist mit der Lokalpolitik in ihrem Ort sehr unzufrieden. Die Kinder hören sie häufig schimpfen: die Gestaltung der Grünflächen, das kulturelle Angebot, die Verkehrsregelung – es gibt in Katrins Augen viel zu kritisieren. Aber als der Bürgermeister gewählt werden soll, hat Katrin keine Lust, zur Wahl zu gehen. Das ist ihr zu umständlich, denn sie hat an diesem Tag etwas anderes vor. Wenig später gründen andere unzufriedene Bürger eine neue Partei. Katrins ältester Sohn schlägt vor, Katrin könne doch mitmachen und versuchen, in ihrem Sinne Einfluss zu nehmen. Aber Katrin sieht ihn nur erstaunt an und erklärt, das sei nichts für sie.

Was für ein Bild gibt Katrin wohl für ihre Kinder ab? Eine nörgelnde Frau, die lieber unzufrieden ist, als etwas an den Dingen zu ändern. Damit dürfte sie in den Augen der Kinder nicht gerade zur Nr. 1 auf der Liste der am meisten respektierten Erwachsenen avancieren. Und sie gibt ihnen ein schlechtes Vorbild: Sie zeigt sich ihnen als Opfer und Klägerin, nicht aber als eine handelnde Person. Sie steht nicht für ihre Ideale ein. Sie tut nichts, um das zu verwirklichen, was sie haben möchte. Sie gibt ihren Kindern keine Gelegenheit, durch ihr Beispiel zu lernen, wie man Dinge in die Hand nimmt, wie man es anstellt, in der Gemeinde Einfluss zu gewinnen. Sie lernen von ihr nur, wie man schimpft.

Warum tut Katrin nichts, wenn sie doch unzufrieden ist? Warum übernimmt sie keine Verantwortung? In solchen Fällen sind meist zwei Gründe ausschlaggebend:

1. Der Wunsch nach Bequemlichkeit verhindert, dass man die nötigen Kräfte mobilisiert. Lieber lehnt man sich zurück und hofft, die Dinge würden sich von allein verbessern oder jemand anders würde endlich ein Einsehen haben und die Veränderung herbeiführen, die man selbst für nötig hält. Im Grunde wartet man darauf, gerettet zu werden. Aber Sie dürfen ganz sicher sein: Es kommt niemand! Wenn wir nicht selbst tätig werden, bleiben die Dinge meist unverändert. Trotzdem verbringt so mancher sein ganzes Leben mit Warten.

2. Hinter der Untätigkeit steckt häufig auch Angst. Wenn Katrin in die Lokalpolitik ginge, müsste sie sich behaupten. Sie müsste Stellung beziehen und würde dafür angegriffen werden, sie müsste Entscheidungen treffen und könnte dabei Fehler machen. Wenn sie aber im Kreise der Familie nach Herzenslust schimpft, wird ihr nichts passieren. Sie exponiert sich nicht und kann auch keine falschen Entscheidungen treffen. Niemand wird sie zur Verantwortung ziehen. Es scheint viel sicherer, passiv zu bleiben.

Viele Erwachsene weigern sich unbewusst, erwachsen zu werden und sich entsprechend zu benehmen. Statt aktiv zu werden und die Wirklichkeit nach ihren eigenen Vorstellungen zu gestalten, hoffen sie heimlich, jemand anders würde sich um die Dinge kümmern, die ihnen am Herzen liegen.

Aber wir sind erwachsen und tragen deshalb Verantwortung. Niemand auf der Welt kann uns diese Verantwortung abnehmen. Wenn wir eine Änderung wünschen, müssen wir etwas dafür tun.

Wenn Sie wirklich Verantwortung für Ihr Leben übernehmen, dann tun Sie das auf allen Ebenen: Sie achten auf Ihren Körper. Sie ernähren sich vernünftig, bewegen sich genug, schlafen genug, pflegen sich. Sie nehmen Ihre Bedürfnisse ernst und leben das Leben, das zu Ihnen passt. Deswegen gehen Sie nur solchen Beschäftigungen nach, die Sie selbst für sinnvoll und wertvoll halten. Sie engagieren sich für die Dinge, die Ihnen wichtig sind. Sie haben Ziele und arbeiten daran, sie zu erreichen. Sie sorgen dafür, dass Ihr Leben erfüllt ist. Das macht Sie glücklich und lässt Sie Freude ausstrahlen. Sie pflegen gute und bereichernde Beziehungen zu anderen Menschen. Sie tun etwas dafür, diese Beziehungen am Leben zu erhalten. Sie übernehmen Verantwortung für Ihre Beziehungen, indem Sie sich um andere Menschen bemühen. Sie können außerdem spüren, wenn Ihnen etwas nicht gut tut, und nehmen sich selbst so ernst, dass Sie Grenzen setzen können: Sie sagen „nein“, wenn Ihnen etwas zu weit geht. Sie haben keine Angst davor, sich damit unbeliebt zu machen, sondern es ist Ihnen selbstverständlich, gut auf sich zu achten und das von Ihnen fernzuhalten, was für Sie nicht gut ist.

Weiterhin können Sie sich Ihres Verstandes bedienen und selbstständig denken, statt kritiklos fremdes Gedankengut zu übernehmen. Sie erlauben sich eigene Ideen und eine eigene Meinung. Sie haben keine Angst davor, diese auch nach außen zu vertreten. Sie freuen sich, wenn andere Sie darin bestätigen, aber Sie sind auf diese Bestätigung nicht angewiesen. Es beunruhigt Sie nicht, wenn Sie sich von anderen unterscheiden. Sie können ganz selbstverständlich zu sich stehen und machen sich nicht vom Urteil der anderen abhängig. Vielmehr handeln Sie souverän nach Ihren eigenen Wertmaßstäben. „Der Gerichtshof ist im Innern des

Menschen aufgeschlagen.", schreibt Immanuel Kant. Und Marie von Ebner-Eschenbach formuliert: „Der eitle, schwache Mensch sieht in jedem einen Richter, der stolze, starke hat keinen Richter als sich selbst." Wenn Sie auf diese vielfältige Weise Verantwortung für sich übernehmen, können Sie auch in jeder Hinsicht Verantwortung für ein Kind übernehmen. Wie soll aber jemand für ein Kind sorgen, wenn er nicht mal in der Lage ist, für sich selbst zu sorgen?

Nina hat ein Problem: Es fällt ihr schwer, anderen Grenzen zu setzen und sich gegen Grenzüberschreitungen zu schützen. Sie ist immer sehr bemüht, mit allen gut auszukommen, und hat Angst, sie könnte jemanden vor den Kopf stoßen. Nun gibt es in der Klasse ihres kleinen Sohnes eine Lehrerin, die ständig Witze auf Kosten der Kinder reißt. Ihr Sohn hat deswegen schon geweint, denn er wurde zur Zielscheibe eines boshaften kleinen Wortspiels. Nina findet das Verhalten der Lehrerin nicht in Ordnung, weiß jedoch nicht, was sie tun soll. Ihr klopft das Herz bis zum Hals, wenn sie nur daran denkt, die Lehrerin zur Rede zu stellen.

Oliver hat fünfzehn Kilo Übergewicht. An diesem Wochenende ist er mit seiner kleinen Tochter allein, weil die Mutter ein Seminar besucht. Er muss sich auch um das Essen selbst kümmern. Da er aber nie gelernt hat, sich gesund zu ernähren, weiß er seiner Tochter nichts anderes vorzusetzen als eine mit viel Käse belegte Pizza sowie ein paar Frankfurter Würstchen. Es kommt ihm gar nicht in den Sinn, so etwas wie Salat einzukaufen. Er wüsste nicht einmal, wie man eine Sauce dafür anrührt.

Ninas Sohn wird von ihr vorläufig nicht lernen können, wie man sich gegen andere wehrt, ebenso wenig wie Olivers Tochter von ihm etwas über gesunde Ernährung lernen kann.

Saskias Mutter hat sich wiederholt gegen den Bau der neuen Schnellstraße ausgesprochen. Als die Familie nun mit zwei befreundeten Familien beim Brunch sitzt, wird über die Schnellstraße gesprochen, und alle Anwesenden stehen dem Projekt sehr positiv gegenüber. Saskias Mutter äußert ihre Meinung nicht und bleibt still.

Welche Schlüsse soll Saskia aus dem Verhalten ihrer Mutter ziehen? Die Mutter steht für ihre Meinung nicht ein. Sie schweigt und weicht der sachlichen Auseinandersetzung aus. Sie übernimmt keine Verantwortung für ihre Sichtweise. Das muss der Tochter zumindest sonderbar vorkommen. Mit hoher Wahrscheinlichkeit zieht sie daraus den Schluss, dass man sich besser nicht gegen die Mehrheit stellt oder aber dass die Mutter ein Feigling ist. Keinesfalls lernt sie von ihrer Mutter, wie man mutig seine eigene Meinung vertritt und eine sachliche Diskussion führt.

Monika hat sich eine neue Sommerhose gekauft. Stolz zeigt sie sich darin der Familie und lässt sich vom Mann und der zwölfjährigen Tochter bewundern. Aber Monikas Freundin äußert sich abfällig über das farbenfrohe Muster der Hose. Seitdem hängt die Hose im Schrank.

Monika übernimmt keine Verantwortung für ihren eigenen Geschmack, es ist ihr wichtiger, anderen zu gefallen. Statt sich nach ihrem eigenen Empfinden zu richten, braucht sie die Billigung und den Applaus ihrer Umgebung. Und Monikas Tochter lernt: Das Urteil deiner Umgebung ist wichtiger als dein eigenes. Möglicherweise lernt sie aber auch: Meine Mutter steht nicht zu sich. Und diese Erkenntnis dürfte die Achtung für ihre Mutter schmälern. Beide Schlussfolgerungen lagen sicher nicht in der Absicht der Mutter. Diese Lektionen hat sie ihrer Tochter unbewusst und ungewollt erteilt, weil sie sich in einer Hose, die ihrer Freundin nicht gefällt, nicht wohl fühlt.

Unsere Kinder beobachten uns. Das ist ganz natürlich, denn durch uns lernen sie, wie man mit den Dingen umgeht. Wenn wir uns nun wie in diesen Beispielen offensichtlich als jemand darstellen, der nicht in ausreichendem Maße Verantwortung für sich übernimmt, löst das in unseren Kindern etwas aus. Die Beobachtung hat eine Wirkung: Die Kinder nehmen uns als schwach wahr. Das muss zwangsläufig ihr Vertrauen in uns schmälern. Sie brauchen jemanden an ihrer Seite, der stark ist, sie leitet und beschützt. Wenn wir das nicht leisten können, verlieren wir an natürlicher Autorität. Wir wirken weniger glaubhaft, weniger vertrauenswürdig, weniger achtenswert. Die Erziehungsfähigkeit wird geschmälert. Im Extremfall kehren sich die Rollen sogar um: Dann fühlen sich die Kinder aufgerufen, Verantwortung für die schwachen Erwachsenen zu übernehmen, die das so offensichtlich nicht selbst können. Dann passen die Kinder auf die Erwachsenen auf und helfen ihnen durchs Leben. Natürlich ist diese Aufgabe viel zu groß für ein Kind, weil es selbst der Anleitung und des Schutzes bedarf.

> Nur wenn wir imstande sind, vollumfänglich Verantwortung für uns selbst zu übernehmen, können wir auch in jeder Hinsicht Verantwortung für ein Kind übernehmen.

Reflexion

- In welchen Bereichen Ihres Lebens übernehmen Sie bereits die volle Verantwortung?
- Wo müssten Sie noch mehr Verantwortung übernehmen?
- Woran könnte Ihr Kind merken, dass Sie ein Erwachsener sind, der fähig ist, Verantwortung zu tragen?

Selbstkenntnis

Sie kennen sicher Sokrates' Aufforderung: „Erkenne dich selbst!". Dieser Appell aus der Antike hat nichts von seiner Aktualität eingebüßt. Weshalb eigentlich? Was nutzt es Ihrer Erziehungsfähigkeit, wenn Sie sich selbst gut kennen? Was hat das mit natürlicher Autorität zu tun? Die Antwort ist vielschichtig und wird deutlicher, wenn wir die Zusammenhänge betrachten, in denen gute Selbstkenntnis gefordert ist:

Orientierung

Melanie ist Ende zwanzig und zum ersten Mal Mutter geworden. Der kleine Josua hat gerade laufen gelernt und stellt sie jeden Tag viele Male vor Situationen, in denen sie Entscheidungen treffen muss. Darf er am Fernseher herumschalten oder nicht? Die Bücher aus dem Regal räumen? Süßigkeiten essen? Im Blumentopf wühlen? Seine Mutter beißen? Melanie hat sich noch keine Gedanken darüber gemacht und entscheidet nach Lust und Laune: Manchmal darf Josua etwas, was dann am nächsten Tag verboten, aber am übernächsten wieder erlaubt ist. Als er seine Mutter beißt, macht sie zunächst ein Spiel daraus und beißt ihn zart zurück. Sie kuscheln und kichern und beißen sich gegenseitig zärtlich. Aber als Josua tags darauf das Spiel wieder aufnehmen will und ihr in die Hand beißt, stößt Melanie ihn erbost weg und schreit ihn an. Daraufhin fängt Josua an zu weinen. Er fühlt sich nicht nur zurückgestoßen, sondern ist ganz verwirrt und weiß nicht, was er davon halten soll.

Melanie hat keine klare Vorstellung von ihrem Leben mit Josua. Sie hat nicht entschieden, wo die Grenzen verlaufen sollen, was er darf und was nicht, wie die persönliche Beziehung zu ihm gestaltet werden soll. Sie weiß nicht einmal, in welcher Form sie Zärtlichkeiten mit Josua austauschen möchte. Sie hat keine Ziele, besitzt keine Vorstellung davon, wie das ideale Leben mit Kind für sie aussieht. Sie wartet ab, vor welche Entscheidungen ihr Sohn sie stellt und handelt dann unreflektiert, je nach Stimmung. Dieses Verhalten ist für beide Seiten schwierig: Denn Melanie selbst wird auf diese Weise immer wieder neu herausgefordert. Wo es keine Regeln gibt, kann man sich auch auf nichts verlassen. Der Alltag wird anstrengender, wenn jede Kleinigkeit immer wieder neu verhandelt und entschieden werden muss, wenn es keine Richtlinien gibt. Für Josua ist die Situation sogar ausgesprochen schädlich: Er kann sich nämlich auf nichts verlassen und das in einer Zeit, in der er „hauptberuflich“ Forscher ist, die Welt erkundet und herauszufinden versucht, wie das Leben funktioniert. Er erhält von Melanie keine Orientierungshilfe, was ihn schwer verunsichert. Er wird mit Sicherheit ein sehr „schwieriges“ Kind werden.

Hier gibt es nur einen Ausweg: Melanie muss in sich hineinhorchen und mit sich selbst abmachen, wie sie die Dinge haben will: Welche Gegenstände sind ihr so wichtig, dass ihr Sohn nicht damit spielen darf? Welche Arten von Zärtlichkeit mag sie und welche möchte sie nicht zulassen? Welche Rolle soll Josua in ihrem Leben spielen, welche Beziehung möchte sie zu ihm haben? Das sind alles Fragen, die Melanie zuerst für sich selbst klären muss, damit sie Josua entsprechend klar und konsequent begegnen kann.

Wir Erwachsenen geben den Kurs vor, das ist Teil unserer Verantwortung. Denn wir kennen die Welt schließlich wesentlich besser als unsere Kinder. Daher sind wir am besten dazu geeignet, die Richtung zu bestimmen. Das gelingt aber nur, wenn wir uns selbst gut kennen, wenn wir wissen, wie wir die Dinge geregelt haben möchten.

Nur in wenigen Fällen lassen sich die Fragen, die im Alltag mit Kindern auftauchen, allein auf der Grundlage der Vernunft beantworten. Fast immer geht es um Ermessensfragen, um persönliche Werte, Vorlieben, Wahrnehmungen,

Bedürfnisse. Soll man beispielsweise einem Kind erlauben, mit der Fernbedienung des Fernsehers zu spielen? Rational betrachtet lassen sich Gründe dafür und Gründe dagegen finden. Die Vernunft allein hilft uns deshalb nicht, diese Frage zu beantworten. Und dabei handelt es sich nur um eine relativ banale Frage, eine Frage unter Hunderten anderer, die sich im Zusammenleben mit einem Kleinkind nun einmal stellen. Alle müssen von den Erwachsenen in irgendeiner Form beantwortet werden, alle Aspekte des Alltagslebens bedürfen einer Regelung. Was darf Ihr Kind und was nicht? Wie wollen Sie überhaupt Ihr Leben mit dem Kind gestalten? Das alles lässt sich nur dann zufrieden stellend lösen, wenn Sie in der Lage sind, Antworten in sich selbst zu finden.

Wäre eine Entscheidung die Wahl zwischen Alternativen, so wäre es leicht, eine Entscheidung zu treffen. Doch Entscheiden ist die Auswahl und Definition von Alternativen.

KENNETH BURKE

Sie müssen sich also etwas einfallen lassen, denn das Zusammenleben mit Kindern bedarf der aktiven und bewussten Gestaltung. Dabei geht es selten um die Entscheidung zwischen richtig und falsch. Und sofort werden Ihre persönlichen Vorlieben, Werte, Ängste und Befindlichkeiten einfließen. Damit müssen Sie sich auseinandersetzen. Wenn Sie das nicht tun, werden Sie zum Spielball Ihrer Gefühle, Launen und Bedürfnisse. Sie wissen dann buchstäblich nicht, was Sie tun oder warum. Ihnen ist halt gerade danach … So handhabt Melanie den Alltag mit Josua.

Der Alltag fordert von uns Entscheidungen. Wir werden sie nur dann gut treffen, wenn wir uns dabei weder allein auf unsere Vernunft, noch allein auf unser „Bauchgefühl“ verlassen. Denn wahre Rationalität entsteht aus dem Zusammenspiel von Verstand und Gefühl. Aber dazu müssen wir über uns selbst Bescheid wissen. Kluge Entscheidungen bedürfen der Selbstkenntnis.

> Das Leben mit Kindern bedarf der bewussten Gestaltung. Erziehung fordert deshalb täglich Entscheidungen. Sie können vom Erwachsenen nur dann getroffen werden, wenn er mit sich selbst in Kontakt ist und sich kennt. Andernfalls ist er unfähig, für Orientierung zu sorgen.

Meike und Rainer schicken ihre beiden Töchter aufs Gymnasium. Die jüngere kommt dort aber nicht gut zurecht, sie quält sich mit dem Lernen, und ihre Leistungen sind unterdurchschnittlich. Schließlich muss sie ein Schuljahr wiederholen. Meike und Rainer üben Druck auf ihre jüngste Tochter aus, kontrollieren ständig ihre Hausaufgaben und lernen mit ihr für Klassenarbeiten. Das Familienleben, die Gespräche, der Feierabend – alles dreht sich viel zu oft um die schulischen Leistungen der jüngsten Tochter. Alle sind inzwischen davon genervt, eine allgemeine Anspannung breitet sich aus. Eines Abends, nachdem Rainer über eine halbe Stunde lang seiner Tochter vergeblich zu vermitteln suchte, wie man eine Gleichung mit mehreren Unbekannten berechnet, gibt er es auf und fragt sich, warum zum Teufel eigentlich alle seine Kinder Abitur machen sollen. Er findet darauf keine überzeugende Antwort. Noch in derselben Woche beschließt die Familie, dass die Tochter auf die Realschule wechselt.

Manchmal leben wir nach Werten und streben Ziele an, die gar nicht unsere eigenen sind. Wir haben sie irgendwann von anderen übernommen, ohne sie zu hinterfragen. Sie sind uns immer selbstverständlich gewesen. Und schließlich spüren wir, dass sie gar nicht zu uns passen. Auch das ist ein Akt der Selbsterkenntnis. Auf diese Weise können wir loslassen, was nicht zu uns passt. Leider musste im obigen Beispiel die Tochter zunächst jahrelang unter der mangelnden Selbstkenntnis ihrer Eltern leiden. Ihr wurde ein Ausbildungsweg vorgegeben, der nicht ihren Fähigkeiten entsprach. Die Eltern hatten sich bei der Wahl der Schule nicht an ihrem Kind, sondern an ihren unreflektierten Werten orientiert. Sie hatten nur deswegen eine akademische Ausbildung für ihre Kinder angestrebt, weil sowohl ihre eigenen Eltern als auch sie selbst eine solche Ausbildung genossen hatten und ihnen dieser Bildungsweg so vertraut war. Und schließlich gibt es noch einen weiteren Grund, weshalb Selbstkenntnis so wichtig ist:

Elisabeth hat nach der Geburt des zweiten Kindes ihre Arbeit aufgegeben und kümmert sich jetzt ausschließlich um Haushalt und Kinder. Sie findet, das sei ihre Pflicht, schließlich spielen die ersten Lebensjahre für die Entwicklung der Kinder eine besonders wichtige Rolle. Allerdings bekommt ihr das neue Leben nicht. Die Hausarbeit ist ihr zuwider, und die Kinder geben ihr nicht das, was sie braucht. Sie vermisst die gewohnten intellektuellen Herausforderungen, vermisst erwachsene Ansprechpartner. Mit der Zeit wird sie gereizt, die Kinder können sie schon mit Kleinigkeiten aus der Fassung bringen. Elisabeth schämt sich dafür. Sie weiß nicht, was sie tun soll, damit sie die gute Mutter wird, die sie so gern für ihre Kinder sein möchte.

Elisabeth hat bewusst eine Rolle übernommen. Sie spielt Hausfrau und Vollzeitmutter. Leider hat sie es versäumt zu prüfen, ob diese Rolle zu ihr passt. Es war eine Entscheidung, die allein auf Vernunft und Pflichtgefühl gründete, jedoch nicht auf Selbstkenntnis. Elisabeth hat sich nur gefragt, was die Kinder brauchen, jedoch nicht, was sie selbst braucht. Sie konnte nicht einschätzen, wie sie sich als Hausfrau und Mutter fühlen würde, dazu wusste sie nicht gut genug über sich Bescheid. Nun spürt sie jedoch deutlich, wie wenig ihr diese Rolle zusagt. Aus diesem Grunde muss sie etwas ändern und zwar nicht nur sich selbst zuliebe, sondern gerade auch, damit sie ihren Kindern eine gute Mutter sein kann. Denn solange sie sich in ihrer Rolle unwohl fühlt, kann sie nicht gut mit den Kindern umgehen. Es wird ihr an Geduld und Einfühlungsvermögen mangeln; statt Lebensfreude wird sie Unzufriedenheit ausstrahlen.

Wir benötigen Selbstkenntnis, um Orientierung zu schaffen für

- uns selbst und die Gestaltung unseres eigenen Lebens
- unsere Kinder und ihre Entwicklung
- die Beziehung zu unseren Kindern und das tägliche Miteinander

Leider ist Selbstkenntnis nichts, was sich immer ganz von alleine einstellt. In vielen Fällen können wir die nötige Selbstkenntnis nur dann erwerben, wenn wir uns bewusst darum bemühen. Sie ist das Resultat gezielter Aufmerksamkeit. Für sie müssen wir Zeit und Konzentration investieren. Das ist gerade im Zusammenleben mit kleinen Kindern, die ja noch sehr bedürftig sind, etwas, das leicht zu kurz kommt. Wir nehmen uns die Zeit und Ruhe nicht, die wir brauchen. Dieses Verhalten erinnert an den Witz, in dem ein Mann sich verfahren hat, jedoch nicht anhält, um nach dem Weg zu fragen, weil er unter keinen Umständen Zeit verlieren möchte. So fährt er einfach weiter, ohne zu wissen, wohin die Straße führt. Ein solches Verhalten können wir uns aber im Umgang mit unseren Kindern nicht leisten. Wir brauchen Zeit und Ruhe zum Nachdenken, müssen uns mit

Fragen auseinandersetzen, in uns hineinhorchen, um gute Entscheidungen treffen zu können. Das hat etwas mit Verantwortung zu tun …

Reflexion

- Wie oft nehmen Sie sich Zeit, um über die Dinge nachzudenken, die Ihnen im Laufe eines Tages begegnen?
- Haben Sie einen Ort, an dem Sie ganz bei sich sind und ungestört nachdenken können?
- Können Sie in zwei Sätzen sagen, welches Ziel Sie mit Ihrer Erziehung verfolgen?
- Können Sie mit wenigen Worten zusammenfassen, wie Sie die Beziehung zu Ihrem Kind gestalten möchten, wie Sie sich das Zusammenleben mit ihm vorstellen?

Handlungsoptimierung

Inge ist stolz auf sich. Sie tut alles, von dem sie glaubt, dass es zu einer guten Mutter gehört. Sie arbeitet sogar jede Woche freiwillig stundenlang in der Schulcafeteria. Gibt es ein Fest in Kindergarten oder Schule auszurichten, einen Ausflug zu begleiten – Inges Engagement kennt kaum Grenzen. Sie hält sich für eine wunderbare Mutter. Fragt man allerdings ihre Kinder, erzählen diese eine ganz andere Geschichte: Sie klagen darüber, dass die Mutter nicht zuhört, alles besser weiß, sich überall einmischt und sofort schreit, wenn man nicht tut, was sie erwartet.

Hier klaffen Selbst- und Fremdbild recht weit auseinander. Inge sieht nur, was sie sehen will. Zwar scheint ihr Engagement in der Tat vorbildlich zu sein. Doch leider macht dieses nur einen Teil ihrer Identität als Mutter aus. Für den restlichen Teil scheint Inge blind zu sein. Sie kennt sich nicht genug, um sich ihres Verhaltens bewusst zu sein oder einschätzen zu können, wie es auf andere wirkt. Und könnte es nicht sogar sein, dass ihr demonstratives Engagement nichts anderes als eine Kompensation für die Unzulänglichkeit ist, die sie im sozialen Umgang mit ihren Kindern an den Tag legt? Letzten Endes kann das nur Inge selbst herausfinden. Dazu muss sie sich jedoch mit sich selbst beschäftigen, in sich hineinschauen und die nötigen Fragen stellen. Leider findet sie nicht die erforderliche Zeit und Ruhe dafür, denn demnächst muss das große Sommerfest vorbereitet werden, danach kommen gleich die Vorbereitungen für die Ferien und anschließend will sie bei dem neuen Schulprojekt mitmachen, für das der Direktor noch händeringend elterliche Unterstützung sucht …

Wenn wir nicht bereit sind hinzuschauen, können wir auch nicht erkennen, was wir gut machen und wo wir noch dazulernen müssen. Wir sind nicht imstande, Fehler auszumerzen, solange wir uns weigern, uns mit unseren Schwächen zu beschäftigen und auseinanderzusetzen. Wie wir an Inges Beispiel sehen, kann das durchaus zu einer schmerzlichen Angelegenheit werden, denn Inge müsste ihr Selbstbild verändern und erkennen, dass sie nicht ganz so wunderbar ist, wie sie das glauben möchte. Ohne den selbstkritischen Blick ist Veränderung jedoch nicht möglich.

Selbstkenntnis muss natürlich keineswegs immer schmerzlich sein:

Helga ist in zweiter Ehe verheiratet. Sie hat einen Sohn und ihr Mann zwei Töchter in diese Ehe gebracht. Die Stieftöchter machen Helga sehr zu schaffen. Sie akzeptieren sie nicht und versuchen, sie das so oft wie möglich spüren zu lassen. Helga gibt sich große Mühe. Sie hat viel Geduld, sie bringt Verständnis für die Mädchen auf, geht wohlwollend auf sie ein, setzt aber auch, wo sie es für nötig hält, Grenzen. Sie erledigt den Haushalt ganz allein, weil ihr Mann geschäftlich viel unterwegs ist. Gleichzeitig hilft sie stunden-

weise in einer Arztpraxis bei der Buchführung aus. Abends ist sie oft ganz erschöpft. Wenn sie dann hört, wie die Mädchen mit ihrem Sohn streiten, wenn sie vielleicht in dieser Situation zusätzlich von einem der Mädchen herausgefordert wird, weiß sie manchmal nicht, wie sie darauf reagieren soll und fühlt sich unzulänglich. Neulich hat sie die Kinder angeschrieen und das tut ihr noch tagelang leid.

Helga ist sehr tüchtig und verhält sich geduldig und liebevoll. Sie hat eine große Aufgabe übernommen, die sie mit viel Verantwortungsbewusstsein und großem Einsatz bewältigt. Wenn sie genauer hinschauen würde, müssten ihr all ihre Qualitäten auffallen. Sie würde sehen, dass sie viel leistet und ihre Sache sehr gut macht. Sie könnte sich für ihre Leistung achten. Sie könnte stolz auf sich sein, weil sie so viel richtig macht. Stattdessen sieht sie nur die Situationen, in denen sie hinter ihren eigenen Ansprüchen zurückbleibt, was in ihr ein Gefühl von Unzulänglichkeit hervorruft. Ihre Selbstkenntnis ist unausgewogen. Das Positive erkennt sie nicht.

Leider ist das ein häufiges Phänomen: Viele Erwachsene machen sich Vorwürfe für das, was sie ihrem eigenen Empfinden nach nicht gut machen. Das, was sie gut können, erscheint ihnen hingegen als eine Selbstverständlichkeit. Sie erkennen ihre Leistungen nicht an, machen sie sich gar nicht erst bewusst und achten sich demzufolge auch nicht dafür.

Solch eine unausgewogene Selbstkenntnis schadet: Sie schadet den Erwachsenen, weil sie negative Gefühle hervorruft und zu einem negativen Selbstbild führt. Es fühlt sich einfach nicht gut an, wenn man sich unzulänglich fühlt. Sie schadet aber auch den Kindern, weil Erwachsene mit einem negativen Selbstbild keine gute Ausstrahlung haben und keine positive Identifikationsfigur abgeben. Sie stellen kein reizvolles Vorbild dar. Zudem sind sie aufgrund ihrer negativen Selbstwahrnehmung schnell zu verunsichern. Ihnen fehlt die Standfestigkeit, die sie für die Erziehung von Kindern bräuchten.

Eine gute Selbstkenntnis ist für optimales Handeln unerlässlich. Denn es bedeutet, sich der eigenen Stärken und Schwächen bewusst zu sein. Es bedeutet zu wissen, welche Verhaltensweisen man beibehalten kann und welche man ändern muss.

Reflexion

- Was machen Sie gut bei der Erziehung Ihrer Kinder?
- Was fällt Ihnen schwer?
- Was sollten Sie ändern?

Authentizität und Souveränität

Marie bedrängt ihren Vater: Sie will unbedingt, dass er heute mit ihr Fahrrad fährt. Allerdings befindet er sich in Zeitnot, denn ihm steht eine Steuerprüfung bevor, und es gibt einiges, um das er sich vorher noch kümmern muss. Da er ein guter Vater sein möchte und Marie zudem so sehr bettelt und drängt, gibt er nach und verspricht ihr eine Radtour. Als er jedoch noch einmal darüber nachdenkt, wird ihm bewusst, dass ihm die innere Ruhe zu einer solchen Unternehmung fehlt. Er wird nervös, wenn er nur daran denkt, wie viel Arbeit noch auf ihn wartet, bevor der Steuerprüfer kommt. Daraufhin nimmt er sein Versprechen zurück und sagt Marie, er müsse erst seine Arbeit erledigen und wenn dann noch Zeit übrig bleibe, werde er gern etwas mit ihr unternehmen. Marie zeigt sich sehr enttäuscht, und er bekommt ein schlechtes Gewissen. Als er dann am Schreibtisch sitzt, kommt Marie alle zwanzig Minuten angelaufen, um zu fragen, ob er nicht bald fertig sei. Das macht den Vater noch nervöser, und schließlich reagiert er unwirsch. Marie heult und wirft ihm vor, er sei ein Lügner: Er habe versprochen, mit ihr Fahrrad zu fahren, würde jetzt aber bloß am Schreibtisch sitzen.

Der Vater ist hin und her gerissen. Er hat zwei Anliegen gleichzeitig: Er möchte Zeit mit seiner Tochter verbringen und sich für die Steuerprüfung vorbereiten. Er entscheidet sich voreilig, ohne seine Motive gründlich bedacht und geprüft zu haben. Heraus kommt eine Entscheidung, hinter der er nicht stehen kann und die er deswegen revidieren muss. Seine Tochter ist daraufhin nicht nur enttäuscht, sondern wirft ihm auch noch vor, ein Lügner zu sein. Ihr Vertrauen in seine Glaubwürdigkeit ist erschüttert. Die Beziehung nimmt Schaden.

Das alles hätte vermieden werden können, wäre der Vater sich über seine Motive klar gewesen. Im Moment ist ihm die Steuerprüfung wichtiger als eine Radtour. Hätte er das seiner Tochter gleich mitgeteilt, hätte sie es leichter akzeptieren können. Er wäre von seiner Entscheidung überzeugt gewesen und hätte sie deshalb auch überzeugender vermitteln können. Keinesfalls hätte seine Glaubwürdigkeit darunter gelitten.

Wenn wir uns unserer Motive und Gefühle bewusst sind, können wir sie einem Kind leichter mitteilen und überzeugender darstellen. Sollte das Kind dann Einwände äußern, weil es mit einer Entscheidung nicht einverstanden ist, können wir freundlicher, geduldiger und souveräner darauf eingehen – einfach, weil wir uns unserer Sache sicher sind, weil uns keine Zweifel plagen, weil unsere Entscheidung stimmig für uns ist. Wir haben die Angelegenheit erwogen und unsere Prioritäten gesetzt. Wir besitzen Klarheit über unsere Beweggründe, haben Kopf und Gefühl bei unserer Entscheidung einbezogen, das Für und Wider geprüft. Wir wissen, wo wir stehen und warum. Wir besitzen Standfestigkeit. Kritisiert das Kind unsere Entscheidung, können wir gelassener bleiben. Die Kritik des Kindes empfinden wir nicht als bedrohlich, denn unsere Entscheidung fiel ja aus guten Gründen so und nicht anders. Bei dieser Entscheidung bleiben wir auch, solange kein völlig neuer Aspekt auftaucht. Das hat nichts mit Sturheit zu tun, sondern mit einer anderen Qualität des Handelns: mit einem Handeln aus der Tiefe, im Einklang mit unserer Persönlichkeit. Auf diese Weise entsteht ein authentischer Erziehungsstil. Das Kind spürt, wer Sie sind, spürt die Ernsthaftigkeit Ihrer Entscheidungen. Und weil Sie sich selbst ernst nehmen, wird es sie ebenfalls ernst nehmen. Weil Sie sich Ihrer Sache so sicher sind, wird das Kind Ihre Entscheidung schnell akzeptieren.

Das bedeutet natürlich nicht, dass Sie nicht manchmal Unsicherheit zeigen dürfen. Es geht ja nicht darum, so zu tun, als wäre immer alles klar und eindeutig.

Es ist Hochsommer und sehr heiß draußen. Die Kinder würden gerne schwimmen gehen. Die Mutter kann das verstehen, denn sie geht selbst gerne schwimmen. Heute hat sie aber wegen der Hitze schon den ganzen Tag Kopfschmerzen und ist sich nicht sicher, ob sie wirklich mit den Kindern ins Schwimmbad fahren soll. Sie teilt den Kindern ihre Zweifel mit, und gemeinsam wird eine Lösung gefunden: Alle fahren gemeinsam zum Schwimmen, aber wenn die Kopfschmerzen der Mutter schlimmer werden sollten, fahren sie wieder nach Hause. Die Kinder versprechen, sich nicht zu beklagen, falls der Schwimmbadbesuch vorzeitig abgebrochen werden muss.

Die Eltern sind sich unschlüssig: Der fünfzehnjährige Sohn ist zu einer Silvesterparty eingeladen worden, wo es vermutlich Alkohol und Drogen geben wird. Einerseits möchten sie auf keinen Fall riskieren, dass ihr Sohn unter dem

Gruppendruck Drogen nimmt. Andererseits wollen sie ihn aber auch nicht zum Außenseiter machen und ihm die Teilnahme an der Party verbieten. Und sie wissen natürlich auch, dass er langfristig lernen muss, selbst auf sich aufzupassen und sich vor schädlichen Einflüssen zu schützen. Die Eltern teilen ihrem Sohn ihre Überlegungen mit und machen keinen Hehl aus ihrer Unschlüssigkeit. Daraufhin überlegen alle zusammen, unter welchen Bedingungen die Eltern sich mit gutem Gefühl darauf einlassen können, dem Sohn die Teilnahme an der Party zu erlauben. So wird eine Lösung gefunden.

Den Erwachsenen in diesen Beispielen ist Folgendes gemeinsam: Sie haben Entscheidungsschwierigkeiten und sind sich bewusst, welche unterschiedlichen und teilweise widersprüchlichen Motive dabei im Spiel sind. Sie stehen zu ihrer Unentschlossenheit und teilen dem Kind ihre Überlegungen mit. Die Lösung erarbeiten sie dann gemeinsam mit ihrem Kind. Allerdings entscheiden die Erwachsenen, welcher Lösungsvorschlag akzeptabel ist und welcher nicht. Sie lassen sich auf nichts ein, hinter dem sie nicht stehen können. Ihr Sprechen, ihr Handeln ist durch und durch authentisch; auch in der Unsicherheit verhalten sie sich souverän, weil sie zu sich stehen.

Nur Erwachsene, die über Selbstkenntnis verfügen, sind in der Lage, authentisch aufzutreten und Kindern ihre Motive und Überlegungen überzeugend darzustellen. Je selbstverständlicher die Erwachsenen dabei zu sich stehen, desto souveräner wirken sie. Sie ermöglichen damit den Kindern, sich in sie hineinzuversetzen und Verständnis für ihre Sichtweisen zu entwickeln. Gleichzeitig verschafft ihnen ihre Souveränität den Respekt der Kinder.

Die Enkelin hat Abschlussball in der Tanzstunde. Die Großmutter bewundert ihre festliche Aufmachung und fühlt sich in ihre eigene Tanzstundenzeit zurückversetzt. Wehmut steigt in ihr auf, und sie beginnt der Enkelin „von damals" zu erzählen. Sie stößt dabei allerdings auf kein Interesse. Trotzdem erzählt sie, ganz in ihren Erinnerungen versunken, immer weiter.

Der Vater macht sich Sorgen um seinen Arbeitsplatz. Am Wochenende studiert er die Stellenanzeigen in der Zeitung und beschließt, vorsichtshalber ein paar Bewerbungen loszuschicken. Die Angelegenheit belastet ihn, er ist in finsterer Stimmung. Als sein zweijähriger Sohn zu ihm läuft und ihm zeigt, was er mit seinen Duplo-Steinen gebaut hat, sieht der Vater gar nicht hin. Er wedelt mit seiner Zeitung und schickt den Kleinen barsch hinaus. Er ist jetzt nicht in der richtigen Stimmung, um sich mit seinem Sohn zu beschäftigen.

Die Großmutter und der Vater in diesen Beispielen sind beide in ihrem Verhalten durch ihre Gefühle bestimmt. Die Wehmut der Großmutter verleitet sie dazu, der Enkelin ihre Erinnerungen aufzudrängen, während die Sorge des Vaters ihn unfreundlich und unsensibel gegenüber seinem kleinen Sohn macht. Das Verhalten beider Erwachsenen ist verständlich, aber unangemessen. Weil sie sich unreflektiert ihren Gefühlen überlassen, verhalten sie sich unpassend. In beiden Fällen wirken sich ihre Reaktionen ungünstig auf die Beziehung aus. Bei diesen Beispielen geht es nur um einzelne Situationen, aber manchmal verhalten sich Erwachsene durchgängig auf diese Weise:

Isabelle ist ungewollt sehr früh Mutter geworden. Inzwischen hat sie sich längst von ihrem damaligen Freund getrennt und zieht ihre Tochter alleine groß. Sie liebt das Kind, hatte sich auch bewusst gegen eine Abtreibung entschieden.

Aber aufgrund der frühen Schwangerschaft konnte sie ihre Ausbildung nicht beenden. Jetzt erhält sie bestenfalls irgendwelche befristeten Aushilfsjobs, die langweilig und schlecht bezahlt sind. Isabelle fühlt sich sehr unzufrieden und verfügt über kein gutes Selbstwertgefühl. All ihre Freunde haben interessantere Jobs und verdienen mehr Geld als sie. Es macht ihr zu schaffen, dass sie keine Qualifikation vorzuweisen hat. Ihre Unzufriedenheit führt dazu, dass sie oft keine Geduld mit ihrer Tochter hat. Schon Kleinigkeiten können sie aufregen und wütend machen.

In diesem Fall leidet die Tochter unter der unbefriedigenden Situation der Mutter, die aufgrund einer ungewollten Schwangerschaft mit ihrer Lebensplanung durcheinander gekommen ist.

Unsere Stimmungen und Launen teilen sich unseren Kindern unweigerlich mit. Diese können den daraus resultierenden Verhaltensweisen nicht ausweichen und sind deshalb unseren Stimmungen und Launen hilflos ausgeliefert. Ob es den Kindern gut geht, hängt aus diesem Grunde wesentlich davon ab, wie gut die Erwachsenen mit sich selbst klar kommen und ob sie in der Lage sind, ihre Gefühle zu steuern. Niemand von uns kann sich aussuchen, welches Gefühl er in einer bestimmten Situation haben will. Gefühle entstehen spontan. Aber was ein Gefühl in uns auslöst, welche Handlungen daraus resultieren, das lässt sich sehr wohl beeinflussen. Damit wir unseren Kindern durch unbeherrschte Reaktionen keinen Schaden zufügen, ist es wichtig, Gefühle klug zu handhaben und Nutzen aus ihnen zu ziehen. Es gibt einen Weg, wie wir das bewerkstelligen können:

1. Zunächst kommt es darauf an, das entsprechende Gefühl überhaupt zu registrieren. Viele Menschen sind nicht aufmerksam genug. Sie merken nicht, was mit ihnen los ist. Sie sind sich ihrer Unzufriedenheit, Ungeduld, ihres Ärgers etc. gar nicht bewusst. Wenn wir aber nicht erken-

nen, wie es uns geht, können wir auf unsere Gefühle auch keinen Einfluss nehmen. Dann sind wir ihnen ausgeliefert und tun Dinge, die wir uns selbst nicht recht erklären können. Darum besteht der erste Schritt darin, aufmerksam zu sein und den eigenen Gefühlen Beachtung zu schenken. Was geht gerade jetzt in Ihnen vor? Können Sie das sagen? Wie fühlen Sie sich? Jemand, der über die nötige Achtsamkeit verfügt, kann seine Gefühle in jeder beliebigen Situation deutlich wahrnehmen. Er registriert das innere Geschehen wie ein Freund es tun würde: interessiert und wohlwollend. Er nimmt sich seine Gefühle niemals übel, sondern weiß, dass jedes Gefühl seine Berechtigung hat. Es gibt keine falschen und unangemessenen Gefühle, sondern nur falsches und unangemessenes Handeln. Gefühle sind lediglich Signale, die uns etwas über uns mitteilen. Und darum müssen wir als erstes die eigenen Gefühle aufmerksam wahrnehmen und jedes von ihnen willkommen heißen.

2. Da Gefühle Signale darstellen, kommt es im zweiten Schritt darauf an, deren Bedeutung zu entschlüsseln. Was steckt hinter dem Gefühl, was teilt es uns mit? Warum empfinden wir gerade in dieser Situation so und nicht anders? Um das erkennen zu können, müssen wir die Perspektive wechseln. Waren wir zunächst ganz auf das Gefühl konzentriert, lösen wir uns nun ein wenig davon, treten innerlich ein paar Schritte zurück und betrachten uns selbst in der betreffenden Situation. Welche Botschaft vermittelt das Gefühl? Was sagt es über uns aus? Das gilt es mit kühlem Kopf zu prüfen.

3. Sobald Sie die Botschaft verstanden haben, können Sie handeln. Auf diese Weise werden Gefühle zu Handlungsimpulsen. Man kann sich das wie das Aufleuchten der Ölwarnlampe am Auto vorstellen: Sie werden das Licht zunächst registrieren. Danach überlegen Sie, was es bedeuten könnte. Sie werden sich fragen, wann zuletzt Öl

nachgefüllt wurde, ob die Lampe in Ordnung ist, ob Sie vielleicht Öl verloren haben. Allmählich entschlüsseln Sie das Signal. Und zuletzt werden Sie handeln: Vielleicht prüfen Sie den Ölstand und füllen gegebenenfalls Öl nach. Oder Sie schauen nach, ob es ein Leck gibt und Sie Öl verlieren. In jedem Fall *tun* Sie etwas. Sie handeln. Sie bleiben nicht passiv und starren auf Ihre Warnlampe. Es genügt nicht, Gefühle zu registrieren, wir müssen sie auch zu nutzen wissen. Und sobald wir ihre Botschaft entschlüsselt haben, können wir Handlungen daraus ableiten, die ganz und gar im Einklang mit unserer Persönlichkeit stehen. Wir tun dann genau das, was zu uns passt. Wir sind authentisch. Das macht zufrieden und ist der einzige Weg, auf dem wir zu einem erfüllten und glücklichen Leben kommen. Unser Glück wirkt sich natürlich unmittelbar auf unsere Erziehungsfähigkeit und unsere Kinder aus. Und wir liefern ihnen zudem ein Modell dafür, wie sie mit sich selbst umgehen können.

Es lohnt sich also, die eigenen Gefühle ernst zu nehmen und ihnen viel Aufmerksamkeit zu widmen. Würde Isabelle das tun, dann könnte sich daraus Folgendes ergeben: Im ersten Schritt würde sie sich selbst beobachten und auf ihre Gefühle achten. Dabei würde sie merken, dass etwas nicht stimmt, weil sie häufig unzufrieden und unausgeglichen ist und keine Geduld mit ihrem Kind hat. Sie würde sich das aber nicht zum Vorwurf machen, würde daraus nicht den Schluss ziehen, eine schlechte Mutter zu sein. Vielmehr würde sie ihre negativen Gefühle als Signal dafür verstehen, dass etwas in ihrem Leben nicht gut läuft und der Veränderung bedarf. Im zweiten Schritt würde sie prüfen, wie das Signal zu interpretieren ist: woher ihre Ungeduld rührt und was ihre Unzufriedenheit zu bedeuten hat. Sie würde merken, dass sie sich inkompetent und nicht anerkannt fühlt, weil sie keine gute Ausbildung hat und deswegen keinen befriedigenden Job annehmen kann. Sie könnte erkennen, wie diese Situation an ihrem Selbstwertgefühl nagt. Zuletzt könnte sie überlegen, was anders sein müsste, damit sie ihr Leben mehr genießen und sich wertvoller fühlen kann. Hier gibt es unzählige Möglichkeiten zur Veränderung. Sie könnte mit viel Einfallsreichtum eine ganze Liste erstellen und sich dann die Alternative aussuchen, die ihr am meisten zusagt. Aber letzten Endes müsste sie in irgendeiner Form aktiv werden, sie müsste handeln, um eine Lebenssituation zu schaffen, die sie mehr befriedigt. Und indem sie das täte, würde sie eine bessere, fröhlichere und geduldigere Mutter werden.

Unsere Gefühle beeinflussen unser Erziehungsverhalten. Ob wir wollen oder nicht: Was immer wir auch fühlen, wirkt sich auf unsere Kinder aus. Darum ist es unerlässlich, dass wir unsere Gefühle zu handhaben wissen und den größtmöglichen Nutzen daraus ziehen, zu unserem eigenen und zum Wohl unserer Kinder. Das kann aber nur gelingen, wenn wir über Selbstkenntnis verfügen und sorgsam auf unsere Gefühle achten.

Selbstwertgefühl

Selbstschätzung ist Pflicht des Menschen
gegen sich selbst.
IMMANUEL KANT

Wir alle haben eine Vorstellung von dem Begriff „Selbstwertgefühl“ und verbinden etwas damit. Jedoch gibt es keine allgemein gültige Definition, was man darunter zu verstehen hat. Wir können uns diesem Begriff nur beschreibend nähern. So hat ein gutes Selbstwertgefühl mit unserer Erfahrung zu tun, mit der Tatsache, dass wir uns dem

Leben gewachsen fühlen und einen Platz für uns darin beanspruchen. Wenn wir über ein gutes Selbstwertgefühl verfügen, wundern wir uns nicht, wenn uns etwas gelingt. Wir halten es auch nicht für einen außerordentlichen Glücksfall, wenn uns jemand liebt, sondern sind überzeugt davon, Liebe und Erfolg selbstverständlich verdient zu haben. Wir nehmen unsere Bedürfnisse ernst und gehen davon aus, dass wir ein Recht darauf haben, sie zu befriedigen. Mit einem guten Selbstwertgefühl ist immer auch Selbstvertrauen verbunden. Das bedeutet: Wir sind von unseren Fähigkeiten zutiefst überzeugt. Wir trauen uns zu, das Leben zu bewältigen, erfolgreich und glücklich zu sein, auch wenn die Umstände nicht immer günstig sind. Menschen mit einem gesunden Selbstwertgefühl strahlen natürliche Würde aus.

Es ist zutiefst schmerzlich, sich nicht wertvoll zu fühlen. Dann dient jede Handlung dazu, diesen Schmerz abzuwehren. Menschen mit einem mangelhaften Selbstwertgefühl geht es nicht in erster Linie um die Gestaltung ihrer Lebenszeit, sondern sie suchen in allem, was sie tun, in erster Linie Bestätigung. Sie müssen den Schmerz verringern, der durch die wahrgenommene eigene Wertlosigkeit entsteht. Mangelndes Selbstwertgefühl wirkt sich auf jeden Aspekt der eigenen Existenz aus, nichts bleibt davon unberührt. Die Folgen sind verheerend.

Ich möchte Ihnen einmal vor Augen führen, was alles passieren kann, wenn jemand von seinem Wert nicht überzeugt ist und es ihm an Selbstachtung fehlt. Dabei möchte ich betonen, dass die auf den folgenden Seiten zusammengestellte Auflistung keineswegs vollständig ist. Sie soll nur demonstrieren, welcher Mechanismus in Gang kommt, sobald jemand mit einem negativen Selbstbild ein Kind erzieht.

Fehlendes Selbstwertgefühl hat zunächst einmal Auswirkungen auf die Art, wie jemand mit sich selbst umgeht:

- Wer denkt, kein wertvoller Mensch zu sein, glaubt auch nicht, Gutes verdient zu haben. Deshalb betreibt er auf allen Ebenen Selbstsabotage, um das negative Bild, das er von sich hat, unbewusst immer wieder zu bestätigen. Seine Ziele setzt er niedrig, weil er ja davon überzeugt ist, große Erfolge passten nicht zu ihm. Außerdem tut er immer wieder Dinge, die seinen Erfolg verhindern. So tendiert er beispielsweise dazu, eine anspruchsvolle Arbeit lieber auszuschlagen, weil er sich eine solch verantwortungsvolle Aufgabe nicht zutraut. Herausforderungen weicht er lieber aus. Darum bleibt er weit hinter dem zurück, was er leisten könnte, und viele seiner Ressourcen liegen brach. Das macht ihn unzufrieden, doch hält er es für zu gefährlich, sich bis an seine tatsächlichen Grenzen vorzuwagen. Da er aufgrund seiner negativen Selbstwahrnehmung Misserfolge erwartet, will er sich den damit verbundenen Schmerz ersparen. Wer dem Spiel ausweicht, kann jedoch niemals gewinnen. Und sollte er doch einmal erfolgreich sein, kann er sich darüber nicht wirklich freuen, denn er hält seinen Erfolg für unverdient und meint, er stehe ihm nicht zu. Er erwartet auch nicht, dass sich einmal errungene Erfolge wiederholen werden, sondern schreibt sie glücklichen Umständen zu. Ein Kind kann von ihm nicht lernen, an sich selbst zu glauben, sich hohe Ziele zu stecken, ehrgeizig zu sein und den Erfolg herbeizuführen. Vielmehr vermittelt ein solcher Erwachsener seinem Kind, dass es immer besser sei, anspruchslos und bescheiden zu sein und sich auf keinen Fall zu überschätzen. Statt ein Kind zu außerordentlichen Leistungen zu ermutigen, bremst er es eher.

- Aber der Mangel an Selbstwertgefühl kann auch genau den gegenteiligen Effekt bewirken: Dann sucht der Betreffende jede sich bietende Herausforderung, nichts ist ihm zu schwierig, keine Aufgabe zu groß. Er steht unter dem ständigen Druck, allen seinen Wert beweisen zu müssen. Wenn er tüchtig ist und Erfolg hat, so denkt und hofft er, dann müssen doch alle begreifen, dass er etwas taugt. Ständig ist er auf der Suche nach Möglichkeiten, seinen Wert unter Beweis zu stellen, unablässig arbeitet er daran, sich hervorzutun. Angetrieben wird er vom Motor seiner vermeintlichen Minderwertigkeit, nicht etwa von Gestaltungsfreude. Er kann sehr erfolgreich sein, ohne dass ihn ein Erfolg wirklich befriedigt. Vielmehr braucht er ständig neue Beweise dafür, dass er ein Recht hat, auf der Welt zu sein. Deshalb sucht er laufend neue Aufgaben und Herausforderungen. Nur auf diese Weise kann er sein psychisches Überleben sichern. Das hat natürlich gravierende Auswirkungen für seinen Umgang mit Kindern: Er ordnet sie seinem Ehrgeiz unter, denn er braucht seine Erfolge mehr als er seine Kinder braucht. Womöglich sorgt ein solcher Erwachsener dafür, dass seine Kinder seine Erfolgspersönlichkeit nach außen bestätigen. Das heißt, er verlangt von ihnen, gute Leistungen zu erbringen, nett auszuschauen, schöne Hobbys zu haben, mit denen sie glänzen können und eine gute Figur machen. Die Erfolge seiner Kinder dienen aber weniger den Kindern als ihm selbst. Deren Bedürfnisse ordnet er seinen eigenen unter. Und er bringt ihnen bei, dass es das Wichtigste auf der Welt ist, Leistungen zu erbringen und erfolgreich zu sein. Seine Kinder lernen von ihm, ehrgeizig und möglichst immer Klassenbeste zu sein, unter allen Umständen auf ihre Außenwirkung zu achten und ein gutes Bild von sich abzugeben.

- Wer ein geringes Selbstwertgefühl hat, neigt mitunter aber auch dazu, selbstzerstörerisch zu handeln. Er nimmt sich selbst nicht wichtig genug, um achtsam mit sich umzugehen. Er behandelt sich selbst nicht liebevoll oder mit Sorgfalt, weil er unbewusst der Überzeugung ist, es lohne sich nicht. Er geht nicht verantwortungsvoll mit sich um, achtet vielleicht nicht auf seine Ernährung, kleidet sich nachlässig, setzt anderen nicht entschieden Grenzen, wenn sie seine Rechte missachten oder ihn in seiner Bedürfnisbefriedigung behindern. Er ist auf keinen Fall in der Lage, Kindern beizubringen, gut mit sich selbst umzugehen. Er liefert ihnen kein Vorbild dafür, wie man gut für sich sorgt, die eigenen Bedürfnisse ernst nimmt, indem man sich beispielsweise gegen Grenzüberschreitungen schützt. Und die Gefahr ist groß, dass er sich nicht ausreichend um seine Kinder kümmert. Denn da er sich selbst der Mühe nicht für wert hält, wird er auch seine Kinder nicht wichtig genug nehmen, um ihnen all das zu geben, was sie brauchen. Hier besteht die Gefahr der Vernachlässigung und Verwahrlosung.

- Wer von seinem eigenen Wert nicht überzeugt ist, ist durch die Widrigkeiten des Lebens leicht zu verunsichern und zu verstören. Denn ihm fehlt der Glaube an sich selbst. Er vertraut nicht darauf, dass er mit allen Schwierigkeiten fertig werden kann. Kleine Hindernisse und unerwartete Schwierigkeiten können ihn völlig aus der Fassung bringen. Ihm fehlt die nötige Gelassenheit, um souverän abzuwarten, wie sich die Dinge entwickeln. Am liebsten möchte er alles und jeden normen, Details bis ins Kleinste festlegen. Er braucht diese übertriebenen und Kräfte zehrenden Sicherheitsvorkehrungen, weil er kein Vertrauen in sich hat. Geht dann trotzdem etwas schief, verliert er schnell den Kopf. Ein solcher Mensch vermittelt seinen Kindern kein Vertrauen ins Leben. Seine Botschaft lautet, dass die Welt ein überaus gefährlicher Ort sei und man alles daran setzen müsse, Sicherheitsvorkehrungen zu treffen. Seine Ängste überträgt er mit hoher Wahrscheinlichkeit auf die Kinder. Zudem strapaziert er heftig ihre Geduld, weil er die Kinder aus Sicherheitsgründen ständig überwachen will. Er möchte um jeden Preis verhindern, dass ihnen etwas geschieht, und verbietet ihnen vieles, was Gleichaltrigen ganz selbstverständlich ist. Er lässt ihnen nicht den nötigen Raum zum Experimentieren, den Kinder nun einmal brauchen, um zu lernen, wie man mit den Dingen umgeht. Eine Mutter, die dieser Beschreibung entspricht, würde zum Beispiel ihrem Kind das selbstständige Klettern auf dem Spielplatz verbieten, weil es ihr zu gefährlich erscheint. Sollte das Kind dennoch unbedingt klettern wollen, würde sie daneben stehen und es ständig ermahnen, nur ja gut aufzupassen und sich festzuhalten. Genau aus diesem Grunde wäre dieses Kind besonders unfallgefährdet: Es hätte keine Chance zu lernen, sich selbst zu vertrauen.

Wenn jemand nicht ausreichend an sich glaubt und zu wenig Selbstachtung besitzt, wird die Angst zum Motor seines Handelns. Unbewusst fürchtet er ständig, er könne entdeckt werden und jemand würde merken, dass alles nur Fassade ist: dass er nicht wirklich sympathisch und liebenswert ist, dass er seine Stellung im Beruf nicht wirklich verdient hat, dass er weder interessant noch gebildet, sondern in Wahrheit langweilig und dumm ist, dass er bei genauer Betrachtung gar nicht in der Lage ist, gut mit Kindern umzugehen. Sein Leben gerät zum Versteckspiel, in dem er seine vermeintliche Minderwertigkeit vor sich selbst und anderen zu verbergen sucht. Er weicht allen Situationen aus, in denen sein Makel erkennbar werden könnte. Sein Leben ist ein anstrengender Hindernislauf. Die Vermeidung von Leid ist sein leitendes Motiv. Er tut alles, um sich sicher fühlen zu können. Sein Ziel besteht darin, sich und anderen seinen Wert ein für allemal zu beweisen. Da das aber nie gelingt, muss er sich immer wieder neu beweisen. So sind Angst und die Vermeidung von Schmerz die Motive all seines Handelns. Für die lustvolle Gestaltung von Lebenszeit, für Kreativität und spielerisches Experimentieren fehlt ihm der Sinn. Wir können uns leicht vorstellen, was das für seinen Umgang mit Kindern bedeutet: Da er ständig eine Rolle spielt, kann er ihnen gegenüber nicht echt sein. Das hat zur Folge, dass seine Beziehungsfähigkeit stark eingeschränkt ist. Für das Kind kann es sehr gefährlich sein, diesen Erwachsenen zu kritisieren oder gar zu entlarven. Kinder sprechen oft mit der ihnen eigenen Unbefangenheit die Empfindlichkeiten der Erwachsenen an. Das kann der Erwachsene jedoch nicht ertragen und dulden. Zudem wirkt er ernst und angestrengt und vermittelt dem Kind keine Leichtigkeit und keinen Sinn für Humor. Er nimmt alles sehr schwer. Das Leben an der Seite eines solchen Erwachsenen ist wahrhaftig keine Freude.

In der Realität trifft man die beschriebenen Typen selten in Reinform an, meist gibt es Mischtypen. Und natürlich müssen die beschriebenen Eigenschaften nicht so ausgeprägt sein wie hier dargestellt. Aber die Muster, die daraus für das Verhalten entstehen, können Sie täglich beobachten, denn sie sind sehr verbreitet. Ich vermute, Sie kennen einige leichtere Varianten davon aus eigener Erfahrung. Oder hatten Sie noch nie Sorge, jemand könne merken, wie dumm/unfähig/ungeschickt/etc. Sie in Wirklichkeit sind? Kennen Sie das Gefühl, den Erfolg zu brauchen, damit Sie sich gut fühlen können? Wissen Sie, wie es ist, wenn man einer Herausforderung ausweicht, weil man Angst davor hat, sich sonst vielleicht zu blamieren? Dies alles sind Anzeichen für ein beschädigtes Selbstwertgefühl.

Schauen wir uns nun an, welche Auswirkungen das geringe Selbstwertgefühl eines Erwachsenen für seine Beziehung zum Kind hat. Denn natürlich bleibt das Selbstwertgefühl nicht ohne Folgen für die Beziehungsebene:

- Ein negatives Selbstbild kann dazu führen, dass der Erwachsene die ihm fehlende Bestätigung vom Kind einfordert. Da er sich selbst nicht in ausreichendem Umfang schätzen kann, braucht er zum Ausgleich die Wertschätzung seiner Umgebung. Er möchte anerkannt und bewundert sein. Ganz sicher lässt er keine Kritik des Kindes zu, denn das würde eine zu große Herausforderung für sein schwaches Ego bedeuten. Widersetzt sich ihm das Kind, sieht er darin eine Bedrohung: Seine ganze Würde, sein Wert als Person, seine Kompetenz als Erwachsener stehen dabei auf dem Spiel. Dafür kämpft er notfalls. Er fordert Gehorsam und Respekt ein, ganz gleich, welcher Mittel es dazu bedarf; ob er dem Kind den Mund verbietet, es einschüchtert, es bedroht, es bestraft, ihm etwas antut – auf jedem erdenklichen Wege versucht er durchzusetzen, dass das Kind ihn respektiert. Er kann nicht angemessen reagieren, wenn das Kind ihn entwicklungsbedingt herausfordert, wie das beispielsweise in der Trotzphase der Fall ist. In jeder Herausforderung meint er einen persönlichen Angriff zu erkennen. Und dann reagiert er entsprechend heftig, statt gelassen zu bleiben und dem Kind zu der nötigen Lernerfahrung zu verhelfen. Seine Lektion lautet vielmehr: „Wage es nicht, meine Autorität anzuzweifeln!" Er versucht sich immer als jemand darzustellen, der großartig und über jeden Zweifel erhaben ist. Er möchte immer Recht behalten. Sein Kind belehrt er mit Wonne, weil er auf diese Weise seine Kompetenz unter Beweis stellen kann. In jeder Situation möchte er seine Überlegenheit demonstrieren. Weder gibt er dem Kind gegenüber Fehler zu, noch entschuldigt er sich jemals. Er sucht immer nach Gelegenheiten, dem Kind seine vermeintliche Überlegenheit zu beweisen. Und auf Dauer erreicht er damit genau das Gegenteil von dem, was er bezweckt: Denn schließlich durchschaut ihn das Kind und erkennt seine Jämmerlichkeit. Statt ihm Respekt entgegenzubringen, empfindet es dann Geringschätzung oder Mitleid, zuweilen auch Hass.

- Ein Erwachsener, der sich verzweifelt darum bemüht, das eigene Selbstwertgefühl aufzupolieren, ist häufig zu sehr auf die eigene Person konzentriert, um die emotionalen Bedürfnisse der Menschen um sich herum in ausreichendem Maße wahrzunehmen und zu befriedigen. Er zeigt kein angemessenes Sozialverhalten, denn er beschäftigt sich in erster Linie mit sich selbst. Weder hört er gut zu, noch kann er sich gut in jemand anderen einfühlen. In der Kommunikation geht es ihm in erster Linie um jene Aspekte, die seine Person betreffen. Er stellt sich Fragen wie: Hat der andere mich verstanden? Stimmt er mir zu? Mag er mich? Wie sieht er mich? Hält er mich für kompetent? Nimmt er mich ernst? Respektiert er mich? u. Ä. Das sind die immer wiederkehrenden Fragen, die den beschäftigen, der sich selbst nicht genug schätzt, um sich innerlich sicher zu fühlen. Aufgrund seiner eigenen Instabilität und Bedürftigkeit hat ein solcher Erwachsener einem Kind nicht allzu viel zu geben. Er kann nicht gut zuhören, da er selbst gehört werden möchte, kann dem Kind nicht viel Unterstützung geben, da er selbst Unterstützung braucht. Weil er so dringend selbst der Anerkennung und Bestätigung bedarf, kann er das Kind nicht genügend anerkennen und bestätigen. Er ist außerstande, die kindlichen Bedürfnisse in angemessener Weise zu befriedigen. Er ist kein guter Begleiter für ein Kind und zudem völlig ungeeignet, ihm als Modell für seine soziale Kompetenz zu dienen.

- Ein Mensch mit geringem Selbstwertgefühl kann sich selbst nicht genug lieben und braucht deshalb die Liebe anderer. Nicht selten wird ein Kind dazu missbraucht, dem Erwachsenen die Liebe zu geben, die sich dieser nicht selbst geben kann. Seine Liebesbedürftigkeit macht den Erwachsenen fast immer erziehungsunfähig. Es gibt viele Wege, auf denen Erwachsene sich die Liebe eines Kindes zu sichern suchen. Oft geschieht dies über Verwöhnung. Der unsichere Erwachsene kauft sich quasi die so dringend ersehnte Liebe, indem er dem Kind alles gibt, was sein Herz begehrt. Als Preis dafür fordert er Liebe. Dass das ein äußerst ungesundes Beziehungsmuster ist, liegt auf der Hand. Es erweist sich zudem als instabil, denn irgendwann wird dem Kind der Preis zu hoch werden und es wird sich weigern zu bezahlen. Eine andere sehr beliebte Methode der Erwachsenen besteht darin, dem Kind ein schlechtes Gewissen zu machen. Der Erwachsene zeigt sich in seiner ganzen Bedürftigkeit und bürdet dem Kind die Verantwortung für sein Wohlbefinden auf. Das Kind soll ihn lieben und für ihn da sein – andernfalls präsentiert er sein Leid und macht dem Kind Vorwürfe. Nicht selten zieht sich dieses Muster bis weit ins Erwachsenenalter hinein. Auch längst erwachsene Kinder müssen erleben, dass die Eltern ihnen ein schlechtes Gewissen zu machen versuchen. In anderen Fällen sucht sich der bedürftige Erwachsene die dringend benötigte Liebe zu sichern, indem er das Kind so weit wie möglich kontrolliert. Er weiß zu jeder Zeit, wo es ist, was es tut. Er verlangt, in sein Denken und seine Gefühle einbezogen zu werden, will jedes kleine Geheimnis wissen. Natürlich geht die Rechnung nicht auf, denn irgendwann rebelliert das Kind gegen diese unangebrachte Kontrolle und übertriebene Nähe. Eine weitere, ebenfalls häufige Variante ist die Selbstaufopferung des Erwachsenen. Er tut alles, damit das Kind bei Laune bleibt. Er will jedes Verhalten vermeiden, mit dem er den Unmut oder Zorn des Kindes wachrufen könnte. Harmonie ist sein oberstes Ziel. Er gibt deshalb viel zu oft den Wünschen des Kindes nach. Er setzt ihm keine Grenzen, auch dann nicht, wenn er große Unbequemlichkeiten in Kauf nehmen muss. Nichts fürchtet er so sehr, wie den Verlust der kindlichen Liebe. Damit wird er natürlich erpressbar. Das Kind braucht nur zu schmollen und ihm seine Aufmerksamkeit zu entziehen, schon leidet er. Und um das zu vermeiden, gibt er nach. Er passt sich den Wünschen und Erwartungen des Kindes an, auch wenn sie unangemessen sind. Das Kind tanzt ihm auf der Nase herum, er kann sich nicht durchsetzen. Und natürlich tut ein Erwachsener mit hoher Liebesbedürftigkeit alles, um das Kind langfristig an sich zu binden. Denn es ist völlig gleichgültig, wie viel das Kind dem bedürftigen Erwachsenen gibt: Es ist nie genug. Wer sich selbst nicht lieben kann, benötigt immer weitere Liebesbeweise, er wird davon nie richtig satt. Aus diesem Grunde hört das Spiel niemals auf. Der Erwachsene kann nicht loslassen, kann dem Kind nicht erlauben, erwachsen zu werden und ein eigenes Leben zu leben. Er fesselt das Kind oft dadurch an sich, dass er ihm offen oder subtil die Botschaft vermittelt: „Du brauchst mich, sonst bist du verloren." Manchmal macht er auch die Freunde oder Partner des heranwachsenden Kindes schlecht und vermittelt ihm: „Ich bin der einzige Mensch, der es wirklich ehrlich mit dir meint und auf den du dich verlassen kannst." All dies sind böse Einflüsterungen. Denn immer entstehen daraus Beziehungsmuster, die sich als höchst schädlich erweisen. Sie hindern das Kind daran, zu einem starken und glücklichen Menschen heranzuwachsen, der über eine gesunde Selbstwahrnehmung und eine ausreichende soziale Kompetenz verfügt.

Die geschilderten Verhaltensweisen sind im Alltag mit Kindern häufig anzutreffen, auch wenn sie selten in dieser Reinform vorkommen und so ausgeprägt sind wie hier beschrieben. Viele Kinder sind ungesunden Beziehungsmustern ausgeliefert, die auf ein mangelndes Selbstwertgefühl der Erwachsenen zurückgehen. Die Kinder lernen daraus falsche Lektionen über sich und andere. Sie entwickeln ein falsches Verständnis von menschlichem Miteinander. Nicht selten dauert es viele Jahre, bis sie sich von all dem befreien können, manchmal gelingt es ihnen aber auch ein Leben lang nicht. Und wer als Kind über Jahre in einer ungesunden Beziehung zu einem bedürftigen Erwachsenen gefangen ist, für den wird die Kindheit zum Albtraum.

> Wenn ein Erwachsener mit geringem Selbstwertgefühl Kinder erzieht, kann er seine Aufgabe nicht angemessen wahrnehmen. Auch wenn er subjektiv sein Bestes gibt, schafft er schädliche Beziehungsmuster. Unbewusst missbraucht er das Kind und benutzt es dazu, sein Selbstwertgefühl zu reparieren.

Der grundsätzliche Zusammenhang ist recht einfach und immer derselbe, auch wenn das daraus resultierende Verhalten sehr unterschiedliche Formen annehmen kann. Aus einem schlechten Selbstwertgefühl kann nichts Gutes entstehen. Denn wenn eine Person erst einmal ein negatives Bild von sich entwickelt hat, kommt es zu einer Kausalitätskette:

selbstabwertende Gedanken
↓
Minderwertigkeitsgefühle
↓
Schmerz
↓
Abwehr
↓
destruktives Verhalten

Wir können daraus nur den Schluss ziehen, dass wir Verantwortung für unser Selbstwertgefühl übernehmen müssen. Wir sind es unseren Kindern schuldig, ihnen ein wirklich erwachsenes Gegenüber zu sein, jemand, der sich selbst achten und lieben kann, statt auf die Achtung und Liebe der anderen angewiesen zu sein. Unser Handeln darf nicht dem Zweck dienen, den eigenen Schmerz zu lindern. Vielmehr sollte es dazu dienen, unsere Kinder zu starken und gesunden Persönlichkeiten zu machen. Wir sind für sie verantwortlich und nicht umgekehrt!

Und natürlich nützt es uns selbst am meisten, wenn wir unser Selbstwertgefühl verbessern. Unser ganzes Lebensgefühl verändert sich dann: Wenn Sie über ein gesundes Selbstwertgefühl verfügen, gehen Sie liebevoll und freundlich mit sich um. Zwar verschließen Sie nicht die Augen vor Ihren Schwächen. Sie besitzen genügend Selbstkritik, um zu merken, wenn Sie etwas falsch machen, einem Kind gegenüber beispielsweise nicht einfühlsam genug sind. Aber Sie haben Geduld mit sich, können Fehler zulassen und sie verzeihen. Sie kämpfen nicht gegen sich selbst. Wenn Sie einen Misserfolg erleben, können Sie sich selbst trösten, wenn Sie Angst empfinden, können Sie sich selbst ermutigen, wenn Sie eine Aufgabe vor sich haben, können Sie sich selbst anfeuern. Sie glauben an sich. Sie trauen sich etwas zu und betrachten Schwierigkeiten als Herausforderungen. Sie nehmen Ihre Chance wahr, schwierige Situationen zu gestalten, statt sich selbst Leid zu tun oder andere zu beschuldigen. Sie geben nicht dem Kind die Schuld, wenn Sie sich ärgern, sondern übernehmen Verantwortung für Ihre Gefühle.

Sie sind sich Ihrer Bedürfnisse bewusst und kümmern sich gut um sich selbst. Das hat nichts mit Egoismus zu tun; denn geben kann nur der, der hat. Kindererziehung darf nicht in Selbstaufopferung münden. Erst indem Sie gut für sich sorgen, werden Sie fähig, sich auch um andere gut zu kümmern. Darüber hinaus machen Sie von Ihrem Recht Gebrauch, andere um etwas zu bitten oder ihnen etwas abzuschlagen. Sie übernehmen Verantwortung für sich und warten nicht darauf, dass andere schon irgendwann erkennen werden, was Sie brauchen. Darum entscheiden Sie auch selbst, wie Sie Ihre Zeit und Energie einsetzen.

Da Sie gut für sich sorgen können und zudem Selbstvertrauen besitzen, sind Sie zuversichtlich und optimistisch. Sie sehen die Dinge positiv, können auch in unangenehmen Situationen Positives entdecken und lassen sich nicht entmutigen. Darum macht es Ihnen Spaß, Neues anzupacken und sich auch hier und da auf Risiken einzulassen. Sie sind begeisterungsfähig. Ihre Energie fließt frei und wird nicht durch bohrende Selbstzweifel oder Angst vor Ablehnung behindert. Wenn Sie sich mit einer Sache beschäftigen, können Sie sich ihr deshalb ganz widmen.

Die Art, wie Sie sich selbst gegenüberstehen, beeinflusst die Art, wie Sie andere behandeln. Wenn Sie sich selbst ein Freund sind, gehen Sie automatisch auch mit anderen wohlwollend um. Wenn Sie sich selbst trösten und ermutigen können, können Sie auch andere trösten und ermutigen. Wenn Sie sich Ihre Fehler verzeihen können, können Sie auch anderen Fehler nachsehen. Wenn Sie Vertrauen in Ihre Fähigkeiten haben, können Sie auch in Ihren Kindern Fähigkeiten entdecken. Wenn Sie sich selbst begeistern, können Sie andere mit Ihrer Begeisterung anstecken, u.s.w. Gesunde Persönlichkeiten schaffen gesunde Beziehungen.

So also sieht es aus, wenn Sie über ein gesundes Selbstwertgefühl verfügen. Und natürlich merkt die Umgebung das. Die Menschen begegnen Ihnen anders: Wenn Sie genug Selbstwertgefühl besitzen, haben Sie eine ganz andere Ausstrahlung. Dafür hat ein Kind feine Antennen. So wird für denjenigen, der sich selbst schätzt und achtet, die Erziehung leichter. Denn wenn Sie sich selbst respektieren, wird auch das Kind Sie respektieren. Sie müssen zu keinen Druckmitteln greifen, um sich krampfhaft Respekt zu verschaffen. Sie nötigen Ihrem Kind sowie allen anderen Menschen automatisch Respekt ab, aus dem einfachen Grund, dass Sie Sie selbst sind. Dies ist ein wesentlicher Bestandteil natürlicher Autorität.

Fragt sich nur, warum das so schwer ist. Wie kommt es, dass so viele Menschen mit einem angeschlagenen Selbstwertgefühl herumlaufen und ständig darauf warten, von anderen bestätigt und ermutigt zu werden? Der Grund liegt in unserer Sozialisation: Wenn wir geboren werden, besitzen wir noch kein Selbstkonzept. Das Neugeborene kann sich keine Gedanken über seine Identität, seinen Wert und seinen Platz in dieser Welt machen. Der Forschung ist deshalb auch nichts davon bekannt, dass Säuglinge sich mit Selbstzweifeln herumschlagen müssten. Der kleine Mensch findet sich noch völlig in Ordnung und blickt zuversichtlich in die Welt, für deren Mittelpunkt er sich zunächst hält. Die ersten drei bis vier Lebensjahre können dieses Lebensgefühl grundlegend ändern. Sie scheinen das Selbstbild und das Selbstwertgefühl des heranwachsenden Menschen wesentlich zu bestimmen. In dieser Zeit haben die Eltern den stärksten Einfluss darauf, wie sich die Beziehung des Kindes zu sich selbst entwickelt. Jeder Kontakt zu den Eltern lehrt das Kind etwas über sich selbst. Die Eltern sind ihm ein Spiegel seiner selbst. Lachen sie das Kind an, lernt es, dass es eine Freude ist, mit ihm zusammen zu sein. Reagieren die Eltern immer sofort auf sein Weinen, lernt das Kind, dass es wichtig für andere ist und sich in dieser Welt aufgehoben fühlen kann. Das Urvertrauen entsteht. Auf diese Weise lernt jeder von uns fundamentale Lektionen über den eigenen Wert.

Aber es geht noch weiter: Kinder sind auf die Zuwendung der Erwachsenen angewiesen. Ihre Abhängigkeit macht diese Zuwendung zu einer Frage des Überlebens. Folglich tun sie alles, um ausreichend Zuwendung zu erhalten. Das bedeutet konkret: Sie passen sich den Erwartungen der Erwachsenen an. Botschaften wie: „Hör auf damit!“, „Was hast du dir bloß wieder dabei gedacht?!“, „Kannst du denn nicht *einmal* aufpassen?!“, „Das macht man doch nicht! Schäm dich!“, „Was hab ich dir gesagt? Kannst du denn nicht endlich mal zuhören?!", „Was ist denn jetzt schon wieder los?", „Du machst mich noch ganz verrückt!", „Was hast du denn jetzt wieder angestellt?" vermitteln dem Kind, dass etwas mit ihm nicht in Ordnung ist. Und kleine Kinder glauben ihren Eltern alles. Wäre alles mit ihm in Ordnung, empfindet das Kind, würden die Erwachsenen wohl kaum so mit ihm sprechen. Und da es auf die Erwachsenen angewiesen ist, identifiziert es sich mit deren Sichtweisen und versucht genau so zu sein, wie sie es von ihm erwarten. Manchmal, beispielsweise in der Trotzphase, kommt es zu Auseinandersetzungen. Hier ringt das Kind um seine Autonomie. Solche Kämpfe sind für das Kind jedoch immer gefährlich. Es hat viel mehr zu verlieren als der Erwachsene.

Die meisten Kinder lernen im Laufe ihrer Sozialisation nicht, sich dafür wertzuschätzen, wer sie sind. Sie lernen nicht, sich selbst zu vertrauen oder sich von ihrem Herzen leiten zu lassen. Stattdessen lernen sie, dass etwas an ihnen falsch ist. Um sich dennoch die lebensnotwendige Liebe und Zuwendung der Erwachsenen zu erhalten, beschließen die Kinder unbewusst, „perfekt" zu werden. Sie spüren: Wenn ich schlecht bin, bin ich nicht liebenswert; wenn ich nicht liebenswert bin, werde ich nicht überleben. Das hat zweierlei zur Folge: Erstens passen sich die Kinder den Erwartungen der erwachsenen Autoritätspersonen an, so gut sie können. Das läuft meist darauf hinaus, dass sie ihre Bedürfnisse verbergen. Und je länger sie das tun, desto mehr werden sie sich selbst fremd. Wenn Kinder ihre Bedürfnisse nicht zulassen, wirken sich diese im Verborgenen aus. Da die Kinder nun nichts von ihren Bedürfnissen wissen, sie niemals kennen gelernt haben, können sie sie später auch nicht angemessen befriedigen. Zudem haben sie Angst, sie aus dem Dunkel des Unbewussten hervorzuholen. Schließlich haben sie ja gelernt, dass diese Bedürfnisse gefährlich sind. Die Anpassung des Kindes an die Erwartungen der Erwachsenen geht also zulasten seiner Lebendigkeit. Zweitens lernen die Kinder, sich für ihre vermeintlichen Fehler selbst zu verurteilen und sich dafür abzulehnen. Die so erworbene Selbstverachtung bleibt dem Kind bis ins Erwachsenenalter.

Natürlich liegt die Frage nahe, warum unsere Eltern uns so etwas angetan haben. Wie kamen sie nur dazu? Dafür gibt es mehrere Gründe: Sie haben es uns angetan, weil ihnen niemand erklärt hat, was sie damit anrichten; sie haben es getan, weil sie keine Alternative kannten; weil sie selbst als Kinder genau das Gleiche erlebt haben; weil sie es gut mit uns meinten; weil sie glaubten, angepasste Kinder hätten es im Leben leichter. Das sind einige Gründe ihres Handelns. Auch wenn wir wütend und traurig darüber sein mögen, steht es uns nicht zu, über unsere Eltern zu urteilen. Sie haben das Beste getan, zu dem sie fähig waren. Mehr kann man von niemandem erwarten.

Unsere Eltern haben ihre Erziehungsarbeit an uns beendet. Jetzt sind wir an der Reihe! Die Verantwortung für unser Leben liegt nun in unseren eigenen Händen. Wer mit einem angeschlagenen Selbstbild herumläuft, ist dafür verantwortlich, es zu reparieren. Das schulden wir nicht nur uns selbst, sondern auch unseren Kindern. Schließlich wollen wir nicht die Fehler wiederholen, die man an uns begangen hat. Wir müssen also lernen, uns zu mögen. Doch schon das Wort „Selbstliebe“ kommt vielen von uns geradezu unanständig vor. Wir haben gelernt, es sei unmoralisch, krankhaft, selbstherrlich und vermessen, uns selbst zu mögen, mit uns einverstanden zu sein und gut über uns selbst zu denken. Selbstliebe hat jedoch nichts mit Selbstverliebtheit, Eitelkeit, Überheblichkeit oder Selbstüberschätzung zu tun. Selbstliebe ist ein tiefes Einverstandensein mit sich selbst, das Abwehrmechanismen überflüssig macht. Nur jene, die sich im Grunde ihres Herzens nicht mögen, verhalten sich überheblich, hochmütig, selbstsüchtig und müssen andere klein machen. Schädliches Verhalten geht überwiegend von Menschen aus, die sich selbst ablehnen und missachten. Wer sich nämlich selbst liebt, geht auch liebevoller und verantwortungsbewusster mit anderen um. Darum ist Selbstliebe Pflicht!

Es ist durchaus möglich, etwas für das eigene Selbstwertgefühl zu tun, es positiv zu verändern. Denn schließlich wurden Selbstwert und Selbstachtung im Laufe der kindlichen Entwicklung *erworben*. Sie stecken nicht etwa als unlöschbare Programmierung im Erbgut, sondern sind das Resultat eines Lernprozesses. Einmal Gelerntes kann man auch wieder umlernen. Selbstvertrauen lässt sich wie ein Muskel trainieren. Sie sind nicht dafür verantwortlich, wenn Ihr Selbstwertgefühl Schaden genommen hat. Sie sind aber dafür verantwortlich, wenn das so bleibt.

Um das angeschlagene Selbstwertgefühl zu reparieren, sind vier Schritte nötig:

1. Erst einmal müssen Sie merken, was mit Ihnen los ist. Das ist nicht immer einfach, denn die verschiedenen Abwehrmechanismen sollen ja genau das verhindern. Sie brauchen also einen aufmerksamen Blick und müssen sich sorgfältig beobachten, um ein schwaches Selbstwertgefühl zu erkennen.

2. Der nächste Schritt besteht darin, sich für eine Veränderung zu entscheiden. Sie brauchen den festen Willen, an sich zu arbeiten.

3. Die gewünschte Veränderung herbeizuführen setzt Wissen voraus. Sie müssen Strategien zur Veränderung Ihrer Selbstachtung und Ihres Selbstwertgefühls kennen, wie ich sie im nächsten Abschnitt aufführen werde.

4. Der letzte Schritt schließlich betrifft das Handeln. Sie müssen sich an die Arbeit machen. Wie bei allen Lernprozessen wird es nicht nur Fortschritte geben. Manchmal stagniert der Prozess eine Weile, manchmal fällt man

auch in alte Denk- und Verhaltensmuster zurück. Dann darf man den Mut nicht verlieren, und muss sich immer wieder aufs Neue selbst disziplinieren. So ist das mit der Arbeit an sich selbst.

Es ist eine anspruchsvolle Aufgabe, um die es hier geht. Aber es gibt keine Alternative dazu. Wenn wir nichts ändern, schaden wir uns selbst und unseren Kindern. Um Sie bei der Verbesserung Ihres Selbstwertgefühls zu unterstützen, habe ich auf den folgenden Seiten einige Strategien zusammengestellt, die Ihnen nützlich sein können. Sie alle zielen darauf ab, Ihr Selbstwertgefühl zu stärken.

Wählen Sie souverän Ihre Reaktionen

Es ist Sonntagnachmittag, es regnet und die neunjährige Elisa langweilt sich. Schließlich schlägt sie vor, die Eltern sollten mit ihr ins Kino gehen. Sie will eine Teenagerkomödie sehen. Die Eltern verspüren wenig Neigung, sich diesen Film anzuschauen. Eigentlich haben sie überhaupt keine Lust aufs Kino, aber Elisa zuliebe wären sie trotzdem zu einem Kinobesuch bereit. Sie schlagen deswegen einen anderen Film vor, aber Elisa ist damit nicht einverstanden und wirft ihnen vor: „Ihr habt ja keine Ahnung!"

Wie sollen die Eltern nun darauf reagieren? Erwachsene mit einem geringen Selbstwertgefühl wären in dieser Situation empört und verletzt. Das liegt daran, dass Menschen, die sich ihres Wertes nicht sicher sind, immer nach Informationen über ihren Wert suchen. Was immer man einem solchen Menschen auch sagt, er filtert aus dieser Botschaft sofort alle Informationen heraus, die seine Person betreffen könnten. Das muss er deswegen tun, weil er selbst seinen Wert bezweifelt und zugleich so dringend anerkannt sein möchte. Er bezieht folglich alles, was er hört, gleich auf sich und klopft es daraufhin ab, ob der Sprecher etwas über seinen Wert aussagt. Das macht ihn natürlich überaus empfindlich. Er wird zur Mimose. Solche Menschen verlangen ihrer Umgebung viel Geduld ab.

Das muss aber nicht sein. Wenn Sie auch zu denen gehören, die so überaus leicht verletzbar sind, weil ihr Selbstbild wacklig ist, können Sie trainieren, anders zu reagieren. Denn es stecken in jeder Bemerkung, die Ihr Gegenüber macht, gleich mehrere Informationen. Sie müssen sich nicht zwangsläufig verletzt fühlen, sondern können Ihre Reaktion wählen. Friedemann Schulz von Thun hat systematisch herausgearbeitet, was in einer simplen Botschaft alles stecken kann. Sehen wir uns das einmal an dem obigen Beispiel an. Die Tochter sagt zu den Eltern: „Ihr habt ja keine Ahnung!" In dieser Aussage findet man mehrere Informationen:

- Die Botschaft enthält eine Aussage auf der *Sachebene* und bedeutet so viel wie: „Der Film, den ich sehen möchte, ist gut, auch wenn ihr das nicht erkennt." Das wäre kein Grund für einen Erwachsenen, beleidigt zu sein. Die Eltern könnten sich jetzt vielmehr von ihrer Tochter erklären lassen, worin die Qualität der Teenagerkomödie liegt. Es würde sich ein sachliches Gespräch entwickeln. Und wer weiß, vielleicht würden sie sich sogar von Elisa überzeugen lassen …

- Weiterhin sagt Elisas Bemerkung etwas über sie selbst aus. Dies ist die Ebene der *Selbstoffenbarung*. Elisa gibt etwas von sich preis und vermittelt den Eltern: „Ich fühle mich nicht verstanden." Auch hier gäbe es keinen Anlass für die Eltern, sich angegriffen zu fühlen. Sie könnten sich in aller Ruhe von Elisa erklären lassen, worum es ihr geht. Vielleicht berührt sie das Thema des Films in besonderer Weise, vielleicht will sie in der Schule auch nur mitreden können, vielleicht schwärmt sie für einen der Darsteller … Würden die Eltern jetzt einfühlsam zuhören, könnten sie etwas über ihre Tochter erfahren.

- Mit Elisas Aussage ist auch ein *Appell* verknüpft. „Ihr habt ja keine Ahnung!" bedeutet zugleich: „Interessiert euch! Macht euch schlau!" Diese Aufforderung kann auch als Einladung verstanden werden, sich mit Elisa über den Film und die damit verbundenen Themen, die wichtig für sie sind, zu unterhalten.
- Und dann ist da noch die *Beziehungsebene*, die tatsächlich heikel sein kann, wenn man als Erwachsener ein instabiles Selbstwertgefühl hat. Auf der Beziehungsebene signalisiert Elisa: „Ihr wisst nicht Bescheid. Ich kann mit euch nicht reden. Ihr versteht mich nicht." Wer empfindlich ist, wird sich hierdurch in seiner Ehre als Elternteil gekränkt fühlen. Das ist aber keine logisch zwingende Reaktion, denn es gibt bessere Alternativen. Die Eltern könnten mit Elisa jetzt behutsam darüber sprechen, was sie von ihnen erwartet, welche ihre Rolle für Elisa sein soll. Sie könnten sich gegebenenfalls auch gegen ihre Tochter abgrenzen. Schließlich ist es ganz natürlich, dass Erwachsene und Kinder nicht unbedingt den gleichen Geschmack haben und dieselben Filme sehen wollen. Es ginge bei einem solchen Gespräch jedenfalls um Beziehungsklärung.

Im Alltag finden sich häufig Situationen, in denen unsere Kinder nicht gerade zartfühlend mit uns umspringen. Aber wie das Beispiel zeigt, brauchen wir deswegen nicht gekränkt zu sein. Wir können lernen, unsere Reaktionen frei zu wählen und klug zu reagieren, statt verletzt und wütend zu sein. Das ist eine Frage der Übung. Versuchen Sie, Gelassenheit zu entwickeln und Selbstbewusstsein, indem Sie eben nicht alles gleich persönlich nehmen, sondern souverän entscheiden, auf welcher Ebene Sie die Bemerkung des Kindes interpretieren wollen. Sie können wählen, wie Sie das Gesagte verstehen und wie Sie darauf eingehen wollen. Diese Souveränität wird Ihre natürliche Autorität zweifellos stärken.

Seien Sie unvollkommen

Viele Erwachsene, darunter ganz besonders Mütter, neigen dazu, recht hohe Ansprüche an sich selbst zu stellen. Im nervenaufreibenden Alltagsgeschehen werden sie dann oft diesen Ansprüchen nicht gerecht und fühlen sich unzulänglich. Sie zweifeln an sich und machen sich Vorwürfe. Alles, was sie nicht perfekt machen, dient ihnen als Beweis für ihre vermeintliche Minderwertigkeit. Das ist eine deprimierende Sichtweise und führt zudem nur dazu, dass sie sich noch mehr unter Druck setzen, alles „richtig“ zu machen. Es gibt jedoch Möglichkeiten, diesem Mechanismus zu entgehen:

1. Eine neue Interpretation und Bewertung von Fehlern

Den meisten Situationen mangelt es an Eindeutigkeit. Uns bleibt dann gar nichts anderes übrig, als den aussichtsreichsten Weg zu wählen und ihn zu gehen. Manchmal stellen wir fest, dass es nicht der richtige war. Wir haben uns verlaufen und einen Fehler gemacht. Da der Weg nicht zum Ziel geführt hat, müssen wir die Richtung wechseln. Und da es für die Erziehung unserer Kinder keine detaillierten Karten gibt, an denen wir uns orientieren könnten, müssen wir eben ohne Wegweiser loslaufen und selbst den Weg finden. Verlaufen gehört dazu. „Umwege erhöhen die Ortskenntnis“, sagt meine Freundin Maria. Fehler sind also notwendiger Bestandteil der Erziehung, die uns zeigen, wie es richtig geht. Wenn Sie einen Fehler so betrachten, statt in ihm Ihr persönliches Versagen zu erkennen, werden Sie mit ihm souveräner umgehen und leichter etwas daraus lernen. Das nutzt allen Beteiligten und schädigt Ihr Selbstwertgefühl nicht.

2. Die Erlaubnis, Fehler zu machen

Das ist die logische Schlussfolgerung: Wollen Sie ein guter Vater/eine gute Mutter sein, müssen Sie Fehler zulassen. Erlauben Sie sich, etwas falsch zu machen! Leben Sie gelassen Ihre eigene Unvollkommenheit. Das macht Sie menschlicher und sympathischer. Die meisten Fehler kann man ohnehin im Nachhinein korrigieren. In vielen Fällen richten sie keinerlei ernsthaften Schaden an. Sie stellen lediglich kleine Unebenheiten im Alltagsgeschehen dar, weiter nichts. Wer aber jede Unebenheit zu umgehen versucht, statt seelenruhig darüber zu steigen, wirkt ängstlich, angespannt und verkrampft. Es fällt schwer, ihm zu vertrauen. Dem angestrengten Bemühen um Perfektion haftet etwas Kleinliches an. Es passt nicht zu einer Person mit natürlicher Autorität.

3. Die Fähigkeit zu wählen

Nun will ich bestimmt nicht behaupten, man dürfe sich völlig unbekümmert beliebig viele Fehler erlauben. Selbstverständlich gibt es Bereiche, in denen Fehler vermieden werden sollten und höchste Sorgfalt angebracht ist. So ist es beispielsweise wichtig zu erkennen, wann ein Kind Hilfe benötigt. Die Signale, die dieses anzeigen, dürfen wir einfach nicht übersehen. In anderen Fällen wiederum besteht viel Toleranz für Fehler. Wenn Sie beispielsweise beruflich sehr angestrengt sind, muss die Geburtstagsparty Ihres Kindes nicht perfekt vorbereitet sein. Sie sollten selbst entscheiden, was Sie so gut wie irgend möglich machen wollen, weil Sie es für wichtig halten, und wann Sie auf Perfektion verzichten, weil der Preis dafür zu hoch wäre. Das ermöglicht Ihnen, Ihre Energien zu bündeln und sich auf das zu konzentrieren, was Ihnen am wichtigsten ist.

4. Die Bereitschaft, sich Fehler zu vergeben

Menschen sind fehlerhafte Wesen, denen Schnitzer immer wieder auch dort passieren, wo sie glauben, sich keine erlauben zu dürfen. Irrtümer, Unachtsamkeiten, Fehleinschätzungen, Ungeschicklichkeiten u. Ä. kommen auch beim Sorgfältigsten und Gewissenhaftesten unter uns vor. Dann ist es wichtig, dass Sie sich verzeihen können. Dadurch dass

Sie unter Schuldgefühlen leiden, werden Sie kein besserer Mensch. Sie haben vielmehr das Beste getan, zu dem Sie in der betreffenden Situation fähig waren. Eine bessere Alternative stand Ihnen zu dem Zeitpunkt nicht zur Verfügung. Vielleicht sind Sie beim nächsten Mal schlauer. Doch nun müssen Sie sich erst einmal vergeben. Gehen Sie weiter auf Ihrem Weg, kraftvoll ausschreitend und um eine Erfahrung reicher.

Keine Fehler zu machen,
liegt nicht in der Macht des Menschen;
doch die Weisen und Guten lernen aus ihren Fehlern
und Irrtümern Weisheit für die Zukunft.
PLUTARCH

Überprüfen Sie Ihre Glaubenssätze

Das Selbstkonzept eines Menschen setzt sich aus einer Reihe von Glaubenssätzen zusammen. Wir alle schreiben uns bestimmte Eigenschaften zu wie beispielsweise: „Ich kann gut mit Kindern umgehen“, oder „Ich werde schnell ungeduldig“. Die meisten dieser Glaubenssätze sind unreflektiert, und einige davon schädigen das Selbstwertgefühl. Es empfiehlt sich daher, die eigenen Glaubenssätze zu überprüfen. Sie unterliegen mitunter systematischen Verzerrungen:

1. Überbetonung von Defiziten

Uns fällt das ins Auge, was wir falsch machen, alles andere erscheint uns jedoch selbstverständlich. Wir erkennen uns nicht für das an, was wir gut tun, sondern tadeln uns für das, was uns nicht gelingt. Eine solch verzerrte Wahrnehmung wirkt sich zwangsläufig negativ auf das Selbstwertgefühl aus. Darum wäre es wichtig, die Selbstwahrnehmung auszubalancieren, indem wir uns bewusst vor Augen führen, was wir alles gut machen. Was sind beispielsweise Ihre besonderen Qualitäten im Umgang mit Kindern?

2. Verallgemeinerungen

Christine hat Gäste, und ihr ist das Essen angebrannt. „Ich bin keine gute Köchin", sagt sie entschuldigend.

Bernd war fest entschlossen, seine Kinder niemals zu schlagen. Jetzt hat er seinem Sohn eine Ohrfeige gegeben. „Ich bin kein guter Vater", sagt er sich niedergeschlagen.

Wir neigen dazu, aus einem einmaligen Versagen den Schluss zu ziehen, in dieser Sache generell unfähig zu sein. Das schadet nicht nur dem Selbstwertgefühl, sondern kann sogar leicht zu einer sich selbst erfüllenden Prophezeiung werden. Denn wir strengen uns dann nicht mehr besonders an, da wir ja ohnehin mit Misserfolg rechnen. Und weil wir uns nicht mehr bemühen, erzeugen wir automatisch Misserfolge ... Das ist für alle Beteiligten fatal. Darum ist es wichtig, unzulässige Verallgemeinerungen, die ihren Weg ins Selbstbild gefunden haben, aufzuspüren und durch ein passenderes Selbstbild zu ersetzen.

3. Schuldbereitschaft

So mancher von uns zeigt sich allzu bereit, für alles Mögliche die Verantwortung zu übernehmen. Streiten sich die Kinder, fragen wir uns, warum es uns zum Teufel nicht gelingt, für eine harmonische Atmosphäre zu sorgen. Schreibt ein Kind eine schlechte Note, werfen wir uns vor, nicht genug mit ihm geübt zu haben. Wird eines unserer Kinder beim Ladendiebstahl erwischt, schreiben wir das unserem eigenen Versagen zu. Wir fühlen uns verantwortlich und machen uns Vorwürfe. Wir geben uns die Schuld und schädigen mit unserem übertriebenen Verantwortungsbewusstsein unser Selbstwertgefühl. Dabei sind wir selbstverständlich nicht der einzige Einflussfaktor im Leben unserer Kinder. Also wäre es klug, kühlen Kopfes die Grenzen zu ziehen: Wo endet Ihr Verantwortungsbereich und wo beginnt der des anderen?

4. Unsinnige Vergleiche

Wir widmen unsere ganze Aufmerksamkeit
der unendlich müßigen Frage, ob A ebenso gut war wie B,
wenn doch die eigentliche Frage lauten müsste,
ob A so gut war, wie es ihm nur möglich war.
WILLIAM GRAHAM SUMMER

Es gibt immer jemanden, der besser ist als Sie. Aber was haben Sie davon, wenn Sie sich vor Augen führen, dass Ihre Nachbarin besser organisiert, Ihr Chef kompetenter, Ihr Freund geduldiger, Ihre Kollegin einfallsreicher ist als Sie? Wenn Sie derartige Vergleiche anstellen, werden Sie immer als der jämmerliche Verlierer dastehen und sich schlecht fühlen. Vergleiche mit anderen sind selten von Wert. Was nützt es Ihnen zu wissen, dass es jemanden gibt, der Ihnen überlegen ist? Ebenso sicher gibt es jemanden, der Ihnen unterlegen ist. Na und? Einzig interessant ist doch die Frage, wer Sie sein wollen, wo Sie hin wollen und ob Sie Ihre Ziele erreichen. Sie selbst sind der Maßstab für Ihr Leben, nur Sie werden am Ende ermessen können, ob Ihr Leben gut war und ob Sie Ihre Zeit gut genutzt haben. Vergleiche mit anderen machen nur Sinn, wenn Sie woanders etwas abschauen, sich dort anregen lassen oder ein Vorbild finden. Auf keinen Fall sollte das Können und Verhalten der anderen in Bezug zu Ihrem Selbstwertgefühl stehen. Dazwischen gibt es nämlich keine logische Verknüpfung.

Seien Sie gut

Unter Tugend und Kraft verstehe ich dasselbe.
BARUCH DE SPINOZA

Sind Sie stolz auf sich? Ich meine nicht jenen albernen Stolz, der der Eitelkeit entspringt, sondern ein tiefes Einverstandensein mit sich selbst. Es entsteht, wenn wir unseren eigenen Maßstäben genügen, wenn unser Handeln unseren

Werten entspricht. Dann handeln wir tugendhaft. „Tugend“ ist ein unmodernes Wort geworden, aber ich kenne kein besseres. Und das, wofür es steht, ist heute noch so bedeutsam wie eh und je. Wir können nicht von innerer Stärke sprechen, ohne auch über die Tugend zu sprechen. Tugend ist menschliche Kraft. „Tugend“ leitet sich von „Tauglichkeit“ ab. Die Tugend dient dazu, jene Qualitäten in uns zu stärken, die uns erst menschlich machen. Mit tugendhaftem Verhalten stellen wir unsere Menschlichkeit unter Beweis. Ohne Tugend werden wir zum Spielball unserer Bedürfnisse und Begierden, und die Menschlichkeit gerät in den Hintergrund. Dies ist keine Bedingung, unter der Selbstachtung gedeihen könnte. Und ohne Selbstachtung gibt es kein Selbstwertgefühl. Im triebhaften Gebaren verlieren wir unsere menschliche Identität. Tugend und Vernunft aber machen die spezifische Vorzüglichkeit des Menschen aus.

Nichts ist so schön und ehrenhaft,
als wahrhaft und wie es sich gehört ein Mensch zu sein.
MICHEL DE MONTAIGNE

Das bedeutet: Gut sein fühlt sich gut an, weil wir uns darin ganz als Mensch erfahren. Wir haben einen unmittelbaren Nutzen davon. Dies ist sogar wissenschaftlich belegt. So kennt man ein Phänomen, das unter dem Begriff „Helper’s High“ bekannt wurde: Wer anderen freiwillig Hilfe zukommen lässt und ihnen Gutes tut, entwickelt mehr Wärme im Körper, ein Zeichen dafür, dass vermehrt Energie entsteht. Dabei wird Stress abgebaut, der Blutdruck sinkt, die Muskulatur entspannt sich, Schmerzen nehmen ab, das Immunsystem arbeitet besser. Zudem kommt es zu einer Endorphinausschüttung, die für eine leichte Euphorisierung sorgt. Dieses Gefühl kann über den Zeitraum des unmittelbaren Handelns hinaus anhalten und sogar den ganzen Tag fortbestehen. In Untersuchungen zeigte sich deutlich, dass nach einer freiwilligen Hilfeleistung das Selbstwertgefühl wächst.

Der Effekt ist besonders ausgeprägt, wenn die Bedingung der Freiwilligkeit gegeben ist. Helfen hilft also (auch) dem Helfer.

Wer nichts für andere tut, tut nichts für sich.
JOHANN WOLFGANG GOETHE

Tugend ist subjektiv und kann nicht mit allgemeiner Gültigkeit definiert werden. Wir alle unterscheiden uns in unseren moralischen Werten. Sind Sie sich Ihrer Werte bewusst? Wie müssten Sie sein, damit Sie sich für einen guten Menschen halten? Was können Sie gleich heute dafür tun? Wenn Sie sich um Tugendhaftigkeit bemühen, dann winkt Ihnen reicher Lohn: tief empfundene menschliche Kraft, das Gefühl von Identität und Integrität, nichts, auf das irgendeiner von uns verzichten könnte.

Ein geringes Selbstwertgefühl ist kein unausweichliches Schicksal. Wir können unser Selbstbild verbessern. Wir können Selbstachtung aufbauen und unseren Selbstwert steigern. Dazu bedarf es jedoch einer Entscheidung und der Arbeit an uns selbst. Wenn wir nicht uns selbst und unseren Kindern schaden wollen, gibt es keine Alternative dazu.

Optimismus

Nach einer langen Familienpause möchte nun Ingrid in den Beruf zurückkehren. Sie sucht eine Halbtagsstelle und hat ein erstes Bewerbungsgespräch. Sie ist sehr nervös, zieht sich mehrmals um und sagt immer wieder: „Ich glaub ja nicht, dass das was wird. Wo ich doch schon so lange aus dem Beruf draußen bin …" Und tatsächlich: Schon in der darauf folgenden Woche liegt die Absage in der Post.

Ingrid glaubt nicht an sich und ihren Erfolg. Was mag sie wohl im Bewerbungsgespräch ausgestrahlt haben? Kann die Absage da verwundern? Hätte sie ein wenig optimistischer gedacht, wäre sie bestimmt anders aufgetreten und wer weiß …?

Noch Sigmund Freud meinte, Optimismus sei nichts weiter als eine Neurose. Er betrachtete sie als tröstende Illusion für ungebildete Leute, eines klugen und reifen Menschen nicht würdig. Er hat sich gründlich geirrt. Inzwischen hat die Forschung vielfältige Belege dafür sammeln können:

- Optimisten leben im Durchschnitt drei Jahre länger als Pessimisten.
- Sie sind gesünder als Pessimisten, werden seltener krank, und besitzen ein stärkeres Immunsystem.
- Optimisten werden schneller mit Krankheiten und Enttäuschungen fertig und lassen sich durch eine Niederlage nicht bezwingen.
- Sie werden seltener Opfer von Unfällen und Gewaltverbrechen.
- Sie gesunden nach Operationen schneller, sind zufriedener und gehen auch schneller wieder an ihren Arbeitsplatz zurück.
- Sie leiden nicht an Depressionen. Das führt dazu, dass es unter Optimisten weniger Suizide gibt.
- Sie haben mehr Freunde und Bekannte. Sie genießen dadurch mehr Geborgenheit, was sich wiederum auf ihre Gesundheit, ihr Wohlbefinden und ihr Selbstvertrauen auswirkt.
- Sie sind zuweilen auch geschäftlich erfolgreicher. In einer Studie ließ sich nachweisen, dass optimistische Vertreter mehr Geschäftsabschlüsse verzeichnen konnten.

Optimisten sind nicht blauäugig. Sie negieren die Realität nicht, sondern interpretieren sie lediglich im bestmöglichen Licht. Sie wissen um Gefahren und Risiken und bereiten sich darauf vor. Sie trauen sich zu, mit allem fertig zu werden. Weil sie den Erfolg erwarten, tun sie etwas dafür und führen ihn genau dadurch herbei. Die Pessimisten hingegen zeichnet die Überzeugung aus, ein Fehlschlag sei nicht etwa zufälliges Pech, sondern typisch für die Welt und das eigene Los. Sie erwarten nichts Gutes und erleben deswegen auch seltener Gutes.

Optimismus lässt sich erlernen. Selbstverständlich genügt es nicht, sich zu sagen „alles wird gut“ oder „ich werde es schaffen“ und diesen Satz wie ein Mantra zu wiederholen. Optimismus hat vielmehr etwas damit zu tun, wie man das Geschehen um sich herum interpretiert.

Als Ingrid ihre Absage erhält, denkt sie: „Na, ist ja auch kein Wunder! Ich bin mit meiner langen Familienpause für Arbeitgeber nicht mehr interessant. Es wäre bestimmt viel zu teuer, mich einzuarbeiten. Ich habe wohl mittlerweile den Anschluss verpasst.“ Ihre nächste Bewerbung schreibt sie eher halbherzig und lässt sich damit drei Monate Zeit …

Ingrid produziert ihren Misserfolg selbst, auch wenn sie das wahrscheinlich nicht erkennt. Würde sie die Absage anders interpretieren, könnte sie ihre Chancen auf eine Anstellung verbessern. Die Absage stellt keinen Beleg für ihre Unbrauchbarkeit auf dem Arbeitsmarkt dar. Sie könnte auch als Zeichen dafür interpretiert werden, dass es heutzutage schwieriger geworden ist, eine Stelle zu finden. Ingrid könnte sich beispielsweise sagen: „Ich habe zwar in den vergangenen Jahren keine Berufserfahrungen sammeln können, aber ich habe organisieren gelernt, bin zuverlässig, lernfähig, intelligent und hoch motiviert. Auch wenn die Zeiten schwierig sind: Für einen dieser Stellenanbieter bin ich mit Sicherheit der Hauptgewinn!“ Hätte Ingrid so gedacht, hätte sie sich auch wie ein Hauptgewinn benommen und wäre dabei zu einem geworden. So hätte sich ein Optimist verhalten.

Bei wem würden Sie lieber aufwachsen, wären Sie ein Kind: bei der Pessimistin Ingrid oder bei einer optimistischen Mutter? Von wem würden Sie mehr Lebenstüchtigkeit lernen? Wen würden Sie mehr achten?

> Optimismus ist eine Haltung, für die man sich entscheiden kann. Sie macht stark, gesund und erfolgreich.

Den Zweifel kultivieren

Nicht das, was du nicht weißt,
bringt dich in Schwierigkeiten, sondern gerade das,
was du genau zu kennen glaubst,
ist dann doch ganz anders.
MARK TWAIN

„Guck mal!", sagt meine neunzehnjährige Tochter Lisa zu mir und entblößt ihren Rücken. Dort prangt in Hüfthöhe ein großes schwarzes Tattoo in Form einer Sonne, deren Strahlen sich vom Zentrum aus in alle Richtungen schlängeln. Ich bin entsetzt. „Wie konntest du …?!" „Körperbemalung hat eine Jahrtausende alte Tradition", erklärt sie nüchtern und ungerührt. Ich beginne zu überlegen: Warum möchte ich nicht, dass meine Töchter sich tätowieren lässt? Weil nur Menschen, die am Rande der Gesellschaft stehen, tätowiert sind! Meine Mutter hätte auch nicht gewollt, dass ich mich tätowieren lasse … Na und? Menschen haben ihren Körper tatsächlich zu allen Zeiten mit Farben geschmückt. Was soll verwerflich daran sein? Ich kann beim besten Willen keinen zwingenden Grund finden, der gegen ein Tattoo spricht. Lisas Sonne

sieht in der Tat hübsch aus. Und es trifft auch längst nicht mehr zu, dass nur außerhalb der Gesellschaft stehende Menschen sich tätowieren lassen.

Ich musste mein Urteil revidieren. Heute habe ich selbst am linken Oberarm ein Tattoo – eine Rose, die mir ausgesprochen gut gefällt …

Bei der Erziehung unserer Kinder wie auch bei allen anderen Fragen des Lebens lassen wir uns von Glaubenssätzen leiten, die uns im konkreten Fall die Orientierung erleichtern: „Man muss immer sein Bestes geben", „Man darf Kindern die Zügel nicht zu locker lassen", „Es sollte jeden Tag mindestens *eine* gemeinsame Mahlzeit geben", „Kinder sollten wenigstens *ein* Musikinstrument spielen" u.s.w. An diesen Glaubenshaltungen ist etwas dran. Manchmal. Und manchmal eben nicht. Sie treffen zu, und sie treffen nicht zu, je nachdem. Es kommt immer auf den Zusammenhang an.

Wer aber krampfhaft an seinen Überzeugungen festhält, wer stur nur das tut, was er immer schon getan hat, nur das denkt, was er immer schon gedacht hat, der kann damit in Teufels Küche kommen. Es macht uns nicht effektiv, wenn wir immer demselben Glaubenssatz folgen. Wir werden dabei außerstande, flexibel auf Situationen zu reagieren.

Und nicht wenige Glaubenssätze haben ein Verfallsdatum. Es war tatsächlich einmal so, dass Tätowierungen an jungen Mädchen dubios wirkten und nicht akzeptiert waren. Anständige Mädchen hatten eben keine Tätowierung. So war das früher. Und so ist es jetzt nicht mehr. Zum Glück, denn ich kenne viele Mädchen, die Freude an ihrem Körperschmuck haben.

Seien wir ehrlich: Als wir selbst noch Kinder waren, galten andere Regeln als heute. Wenn wir an die Erziehung unserer Kinder von heute mit den Glaubenshaltungen von gestern herangehen, kann es leicht passieren, dass wir unseren Kindern nicht gerecht werden. Außerdem würde es bedeuten, dass wir in all den Jahren, die seit unserer Kindheit verstrichen sind, nichts dazu gelernt hätten. Es gibt viele Möglichkeiten, wie wir die Dinge betrachten können, nicht die einzig richtige. Unsere Erfahrungen verändern auch unsere Sichtweisen. Während Sie Ihre Kinder erziehen, werden Sie dazulernen und deshalb sowohl Ihre Sichtweisen als auch Ihr Verhalten verändern. Selbstverständlich geht es nicht darum, jede Torheit mitzumachen, die gerade modern ist. Es geht vielmehr um die grundsätzliche Fähigkeit, den Blickwinkel zu wechseln.

Wir verschaffen uns keinen Respekt bei unseren Kindern, wenn wir stur an unseren Sichtweisen festhalten, komme, was wolle. Sturheit ist weder attraktiv noch tugendhaft. Wer mit wachem Blick durchs Leben geht, wird immer wieder dazu herausgefordert, seine Sichtweisen zu überprüfen. Er macht Erfahrungen, die mit den bisherigen Überzeugungen unvereinbar sind. Er lernt neue Sichtweisen kennen, die ihn zwingen, seine Glaubenshaltungen zu ändern. Das ist Lebendigkeit, das ist Wachstum. Eine Voraussetzung dafür ist die grundsätzliche Bereitschaft, die eigenen Überzeugungen in Frage zu stellen. Wer zum Zweifel bereit ist, kann sich an die Wirklichkeit optimal anpassen und die bestmöglichen Lösungen finden.

Dumme wissen.
JOACHIM RINGELNATZ

Jede Sichtweise ist gewissermaßen
wie das Brett vor dem Kopf, das uns die Welt bedeutet.
MICHAEL BUCHHOLZ

Es ist uns nicht gegeben, Wirklichkeit in unseren Köpfen naturgetreu abzubilden. Wir müssen erst mühsam herausfinden, wie die Welt um uns beschaffen ist. Das Bild, das wir uns von der Realität machen, ähnelt eher einer abstrakten Malerei als einer fotografisch exakten Wiedergabe. Es ist verdammt schwer, sich danach zu orientieren. Darum sind wir alle unentwegt Suchende. Und das erfordert, dass wir jederzeit bereit sein müssen, selbst von lieb gewonnenen Überzeugungen abzulassen und sie durch etwas Besseres zu ersetzen. Viele Probleme entstehen erst aus unserer vermeintlichen Gewissheit. Darum sollten wir aufgeschlossen sein für Neues, sollten über große geistige Beweglichkeit verfügen, phantasievoll und kreativ an die Dinge herangehen. Und dies immer in dem Bewusstsein: Es könnte alles auch ganz anders sein.

Nicht minder als das Wissen
möcht ich das Zweifeln missen.
MICHEL DE MONTAIGNE

Gerade im Umgang mit Kindern ist es noch aus einem anderen Grund sehr wichtig, nicht zu sehr auf die eigenen Sichtweisen fixiert zu sein:

Vanessa arbeitet für eine Speditionsfirma und kommt für gewöhnlich erst im Laufe des Nachmittags nach Hause. Aber heute hat sie frei. Sie erledigt am Vormittag ein paar Einkäufe und beschließt dann spontan, ihren zwölfjährigen Sohn Stefan von der Schule abzuholen. Als sie das Schulgelände betritt, ist gerade Unterrichtsschluss. Schnell füllt sich der Schulhof mit Kindern. In dem Getümmel hält Vanessa angestrengt nach ihrem Sohn Ausschau und entdeckt ihn schließlich in Begleitung seiner „Kumpels". „Da bist du ja, Hase!", ruft Vanessa erfreut, und schließt ihn in ihre Arme. Als sie ihm einen Kuss geben will, reagiert er unwirsch und dreht schnell den Kopf weg. „Was hast du denn?!", fragt Vanessa beleidigt. Sie fühlt sich zurückgestoßen. Sie wollte ihm eine Freude machen, aber er scheint sich überhaupt nicht zu freuen. Plötzlich entsteht eine Fremdheit zwischen ihnen, die noch den ganzen Tag anhält. Vanessa ist traurig und begreift nicht, warum Stefan sich so merkwürdig benimmt.

Vanessa sieht die Situation nur aus ihrer eigenen Perspektive: Die liebende Mutter überrascht ihren Sohn. Der sollte sich nun eigentlich freuen und die Mutter glücklich in seine Arme schließen. Dass er ganz anders reagiert, nimmt sie ihm übel. Es entsteht eine anhaltende Verstimmung. Dabei hätte Stefan sich möglicherweise über das Auftauchen seiner Mutter gefreut, wenn nicht seine Kumpels daneben gestanden hätten. Die amüsieren sich köstlich über die kleine Szene zwischen Mutter und Sohn. Tagelang nennen sie Stefan nur noch „Hase" und machen schmatzende Kussgeräusche, wenn er sich nähert. Anschließend lachen sie wie toll. Vanessa hätte wissen müssen, dass die Gleichaltrigen ihren Sohn verspotten werden, wenn sie beobachten, wie er von seiner Mutter zärtlich umarmt wird. Daheim kuscheln Mutter und Sohn durchaus zusammen, aber im Kreise der Kumpels gibt es für Stefan nichts Peinlicheres. Vanessa kann die Perspektive nicht wechseln. Für sie sind Liebkosungen zwischen Mutter und Kind grundsätzlich etwas Schönes, ganz gleich wo und wann. Ihre starre Sichtweise aber verursacht ihrem Sohn nicht nur Peinlichkeiten, sondern belastet auch die Mutter-Sohn-Beziehung. Das wäre leicht zu vermeiden gewesen, wenn Vanessa sich in Stefan hineinversetzt hätte.

Natürlich sieht die Welt für ein Kind völlig anders aus als für einen Erwachsenen. Um unseren Kindern gerecht zu werden, müssen wir uns in sie einfühlen können. Sie sind auf unser Verständnis angewiesen. Das werden wir ihnen jedoch schuldig bleiben, wenn wir nicht in der Lage sind, die Perspektive zu wechseln und das Leben immer wieder mit *ihren* Augen zu betrachten. Dann kommt es, wie im obigen Beispiel, zu Frustration und Entfremdung.

Wir können jeden Tag neue Erfahrungen machen. Sie lehren uns etwas über uns und die Welt um uns herum. Sie zwingen uns, auch lieb gewonnene Sichtweisen einer kritischen Prüfung zu unterziehen. Wenn wir in der Lage sind, scheinbar Selbstverständliches in Frage zu stellen, können wir angemessene Lösungen finden und Herausforderungen optimal meistern. Außerdem ermöglicht uns ein Perspektivenwechsel, uns besser in andere Menschen hineinzuversetzen und Beziehungen effektiver zu gestalten. Die Fähigkeit zu zweifeln macht uns also auf allen Ebenen lebenstüchtiger. Damit trägt sie wesentlich zur natürlichen Autorität bei.

Sinn finden

Michael ist Sozialpädagoge und arbeitet auf dem Sozialamt der Stadt. Als er dort anfängt, ist er voller Elan und von dem Wunsch beseelt zu helfen, wo Hilfe nötig ist. Die Situation, die er allerdings vorfindet, erlebt er als sehr unbefriedigend. Es stehen kaum Gelder für das Nötigste zur Verfügung. Michael sind die Hände gebunden. Er hat das Gefühl, statt sinnvolle Hilfestellung zu geben, lediglich den Mangel zu verwalten. So hatte er sich seine Aufgabe nicht vorgestellt. Er kommt abends müde und ausgelaugt nach Hause und hat zu nichts mehr Lust. Als sein sechzehnjähriger Sohn ihn fragt, welchen Beruf er nach Meinung seines Vaters ergreifen solle, zuckt Michael nur mit den Schultern. „Studier bloß nicht Sozialpädagogik", ist alles, was er sagt. Er ist selbst so desillusioniert, dass er nicht weiß, was er seinem Sohn raten soll. Er kann ihn in keiner Weise inspirieren.

Britta ist Marketingleiterin eines kleinen Unternehmens. Ursprünglich hatte sie ganz andere berufliche Pläne verfolgt und ist eher zufällig zum Marketing gekommen. Aber sie liebt, was sie tut. Sie denkt sich mit Wonne neue Strategien aus, ist von den Produkten, die sie vermarktet, vollkommen überzeugt und hat viel sportlichen Ehrgeiz, was den Verkauf betrifft. Wenn sie abends nach Hause kommt, ist sie fröhlich und gutgelaunt. An schönen Tagen ermuntert sie ihre Familie, abends gemeinsam noch etwas zu unternehmen. Sie scheint über unbeschränkte Energiereserven zu verfügen. Als ihre Tochter sich Gedanken um ihre Berufswahl macht und die Mutter dazu um ihre Meinung bittet, sprüht Britta nur so vor Ideen und Vorschlägen.

Michael und Britta unterscheiden sich in der Wahrnehmung ihres Tuns: Michael erlebt seine Arbeit nicht als sinnvoll, während Britta vollkommen überzeugt ist von dem, was sie tut. Der ungeliebte Job erzeugt bei Michael Kraftlosigkeit. Er benötigt gewaltige Mengen an Energie, um sich jeden Tag aufs Neue zu einer Arbeit zu überwinden, die ihm sinnlos erscheint. Zu Hause wirkt er erschöpft und freudlos. Er tut seine Pflicht, allerdings um den Preis seiner Lebendigkeit. Darum weiß er nicht, was er seinem Sohn raten soll. Da er in seinem Tun selbst keinen Sinn findet, kann er auch seinen Sohn nicht bei dessen Sinnfindung unterstützen.

Britta hingegen begeistert sich für ihre Arbeit. Die Freude, die sie dabei erlebt, gibt ihr Energie und verleiht ihr Lebendigkeit. Als ihre Tochter sie bei der Berufswahl um Rat bittet, hat Britta jede Menge Ideen dazu und versucht, bei ihrer Tochter Begeisterung zu wecken. Sie weiß, wie das ist, wenn man gerne arbeitet, und wünscht sich das Gleiche für ihre Tochter. Sie selbst ist ihrer Tochter ein Modell dafür, wie man ein erfülltes Leben lebt.

Was wir sind, und wie wir uns fühlen, hängt entscheidend davon ab, ob wir unser Handeln als sinnvoll erleben. Erkennen wir keinen Sinn in unserem Tun, dann handeln wir ohne innere Beteiligung. Wir sind nicht mit dem Herzen bei der Sache und investieren viel Energie in die Überwindung innerer Widerstände. In unserem Tun liegt dann nichts

Kraftvolles, Hingebungsvolles. Es fehlt jede Begeisterung. Die wahrgenommene Sinnlosigkeit schwächt uns und legt sich schwer auf unser Gemüt. Sie verhindert den Erfolg und erzeugt höchstens mittelmäßige Leistungen. In solch einem Zustand wirkt man weder überzeugend, noch attraktiv.

Wer allerdings Sinn in seinem Tun entdeckt hat, gibt sich seinen Aufgaben hin. Er ist ganz bei der Sache. Er macht den Eindruck, von innen heraus zu leuchten. Seine Begeisterung kann andere anstecken. Er hat seinen Platz im Leben gefunden und weiß, was zu ihm passt. Er mobilisiert alle Ressourcen für die Aufgaben, die ihm wichtig sind, und schöpft Kraft aus dem, was er tut. Er findet Erfüllung und hat meist auch Erfolg.

Leider fehlt in unserer Gesellschaft eine Kultur der Selbstfindung. Kinder werden nicht systematisch zur Entwicklung von Persönlichkeit, Individualität und Selbstvertrauen erzogen. Wir kennen keine Riten, die jungen Menschen helfen, zu sich selbst zu finden. Vielmehr werden sie durch ihre schulische Ausbildung alle auf dieselben Inhalte ausgerichtet und für ihre Anpassung belohnt. Der Drachen der Normalität verschlingt das Individuelle, das Freie und Ungenormte. Viele von uns verlieren deshalb bereits als Kinder das Vertrauen in ihr eigenes Urteil und ihre eigenen Instinkte. Und so kommt es, dass viele Erwachsene auf eine Weise leben, für die sie sich nie gezielt entschieden haben. Sie orientieren sich an Werten, die man ihnen mitgegeben, die sie aber nie selbst gewählt haben. Das führt zur Wahrnehmung einer Sinnlosigkeit, die sämtliche Lebensbereiche umfassen kann. Sinnlosigkeit schafft Leid und macht kraftlos. Die Stimmung ist gedrückt, das Selbstwertgefühl gering. Einem Kind kann man einen solchen Elternteil nicht wünschen. Denn ein Erwachsener, der sich mit der Sinnlosigkeit seines Tuns herumschlägt, strahlt Freudlosigkeit und stumpfe Verzweiflung aus. Ihm fehlt jegliche Überzeugungskraft. Und da er außerstande ist, ein Vorbild zu sein, kann er einem Kind auch nicht die Richtung weisen.

Was muss geschehen, damit Sie Ihr Tun als sinnvoll erleben können? Hier müssen zwei Kriterien zusammenkommen:

1. Ihre Aufgabe muss Ihnen Spaß machen. Sie erfüllen sie gern, weil sie Ihnen einfach liegt.
2. Ihre Aufgabe dient einem höheren Ziel. Andere Menschen ziehen Nutzen daraus. Was Sie tun, geht über den bloßen Moment hinaus. Sie werden gebraucht, ihr Handeln ist wichtig für andere. Sie bewirken etwas damit.

Sind diese beiden Voraussetzungen erfüllt, werden Sie Ihr Tun als sinnvoll wahrnehmen. Sie haben Freude daran und halten es für wertvoll. Ihr Selbstwertgefühl steigt, Sie wirken entspannter und souveräner. Sie treten überzeugender auf, sprechen kraftvoller. Sie können Ihre Energien besser bündeln, können Wichtiges von Unwichtigem leichter unterscheiden. Und Sie können sich begeistern.

Glaube mir, dass eine Stunde der Begeisterung
mehr gilt als ein Jahr gleichmäßig und einförmig
dahinziehenden Lebens. Die Ruhe ist dein Feind,
er ist mein Feind, ist der aller Menschen –
ich meine die Ruhe der untätigen Behaglichkeit.
Ohne Streben kein Erfolg, ohne Feuer kein Brand!

CHRISTIAN MORGENSTERN

Sinn schafft Begeisterung, sorgt für Orientierung und für Erfolge, stärkt das Selbstwertgefühl, die Überzeugungskraft und Lebensfreude. Erwachsene, die ihr Handeln als sinnvoll wahrnehmen, sind für Kinder überzeugende Vorbilder.

Nachwort

Erziehung ist kein leichtes Geschäft. Wem es ernst ist mit der Erziehung eines Kindes, der erzieht sich gleichzeitig selbst. Das eine zieht das andere unweigerlich nach sich. Denn wir sind niemals so reif und „fertig", um sagen zu können: „Ich kann das!" Dazu stellt der Alltag mit Kindern eine viel zu große Herausforderung mit Unwägbarkeiten und Überraschungsmomenten dar. Wir sind niemals genügend vorbereitet.

So ist denn die Entwicklung natürlicher Autorität kein Vorgang, den man abschließt, nachdem man ihm genügend Zeit und Konzentration gewidmet hat. Und die Frage lautet auch nicht so sehr: „Bin ich überhaupt reif genug für ein Kind?" Sie lautet vielmehr: „Bin ich mir meiner Verantwortung ausreichend bewusst und bereit dafür?"

Niemand, auch ich nicht, wird den in diesem Buch beschriebenen Kriterien natürlicher Autorität ganz und gar gerecht. Das ist kein Grund an sich zu zweifeln, aber mit Sicherheit ein Grund, an sich zu arbeiten! Worauf es dabei ankommt, habe ich zu verdeutlichen versucht. Es geht um eine Vielzahl von Kompetenzen, die alle lern- und trainierbar sind und zusammengenommen natürliche Autorität ausmachen. Sie ermöglichen uns, den Kindern die beste Erziehung angedeihen zu lassen, zu der wir fähig sind. Die beschriebenen Qualitäten werden uns nirgendwo systematisch vermittelt. Wenn wir ihre Notwendigkeit überhaupt erkennen, geschieht das meist erst, nachdem ihr Fehlen zu Problemen geführt hat.

Es spielt keine Rolle, welches der genannten Merkmale Sie zuerst zum Ziel Ihrer Bemühungen machen. Die beschriebenen Kriterien sind nicht unabhängig voneinander, sondern hängen alle zusammen. Wenn Sie beispielsweise lernen, den Zweifel zu kultivieren, werden Sie zugleich offener für die Sichtweisen Ihres Kindes. Und damit verbessert sich automatisch Ihre Beziehungskompetenz. Besteht Ihr Ziel in einer verbesserten Selbstkenntnis, wird es Ihnen dadurch auch leichter zu erkennen, welche Dinge Ihrem Leben Sinn verleihen und wie Sie Erfüllung finden können. Arbeiten Sie an Ihrem Selbstwertgefühl, verbessert sich damit wie von selbst auch Ihre Beziehung zum Kind u.s.w. Es ist also wirklich nicht so wichtig, womit Sie beginnen. Wichtig ist hingegen zu wissen: Erziehung ist eine zweigleisige Angelegenheit. Die Erziehung eines Kindes bedeutet immer Arbeit an sich selbst. Sie fordert uns eine Vielzahl von Kompetenzen ab, die wir uns aneignen müssen.

Womit werden Sie anfangen?

Literatur

Branden, Nathaniel: *Die 6 Säulen des Selbstwertgefühls*. Landsberg 1997.

Comte-Sponville, André: *Ermutigung zum unzeitgemäßen Leben*. Reinbek 2001.

Crofts, Neil: *Authentic*. Chichester 2003.

Goleman, Daniel: *EQ. Emotionale Intelligenz*. Wien 1996.

Gordon, Thomas: *Familienkonferenz*. München 1989.

Jung, Mathias: *Mut zum Ich*. München 2004.

Mary, Michael: *LebensTräume LebensSinn*. Schadeland 2000.

Merkle, Rolf: *So gewinnen Sie mehr Selbstvertrauen*. Mannheim 2004.

Prange, Peter: *Sieben Wege zum Misserfolg*. München 2002.

Schulz von Thun, Friedemann: *Miteinander reden: Störungen und Klärungen*. Reinbek 1981.

Seligman, Martin: *Pessimisten küsst man nicht*. München 1993.

Vaughan, Susan: *Halb leer? Halb voll!* München 2001.

Erziehen mit Geduld und Gefühl

Marion Lemper-Pychlau
Kinder brauchen Disziplin
Band 5336

Freude an etwas haben, mit Frustrationen umgehen können: Fähigkeiten, die Kinder lernen müssen um im Leben zu bestehen.

Marion Lemper-Pychlau / Maria Weisser
Erziehen mit Gefühl
Emotionale Intelligenz fördern und einsetzen
Band 5283

Oft reichen bloße Worte nicht aus: Wie Eltern einfühlsam helfen, emotionale Intelligenz zu entwickeln und innere Barrieren zu überwinden.

Maria Braun
Starke Kinder – fit fürs Leben
Damit Kinder auch in Krisensituationen sicher bleiben
Band 4822

Seelische Stärke – von Anfang an bringen Kinder Anlagen dazu mit. Wie Eltern dieses Startkapital ausbauen, zeigt die erfahrene Kinder- und Jugendpsychologin.

Hans Janssen
Wenn Kinder nicht hören wollen
Das 5-Schritte-Programm für genervte Eltern
Band 5697

Das erprobte Programm eines erfahrenen Erziehungsberaters, mit Übungen, um das Verhalten der Kinder, dessen Ursachen und die eigene Reaktion darauf in den Blick zu nehmen – vom Vorschulalter bis zur Pubertät. Pragmatisch, übersichtlich, alltagsnah.

Jesper Juul
Aus Erziehung wird Beziehung
Authentische Eltern – kompetente Kinder
Hrsg. von Ingeborg Szöllösi
Band 5533

Kinder auf eine sensiblere Art sehen und ernst nehmen und störendes Verhalten in Botschaften übersetzen: Das führt zu Autorität auf der Basis von Achtung, Verantwortung und gegenseitigem Respekt.

Christine Kügerl

Selbstbewusst und rücksichtsvoll

Wie Kinder starke und einfühlsame Persönlichkeiten werden
Band 5248

Kinder brauchen beides: Durchsetzungsvermögen und Sozialkompetenz. Eltern können schon im Vorschulalter viel dafür tun. Fundierte Informationen und Anregungen.

Daniela Liebich

Mit Kindern richtig reden

Wirksam erzählen, ermahnen, erklären
Band 5312

Wenn die Ohren der Kinder auf Durchzug stehen, hilft nur eins: richtig reden. Viele Beispiele zeigen, wie das geht – auch in schwierigen Fällen.

Walter Pacher

Erziehen ohne Machtkämpfe

Die Kunst, mit Kindern richtig umzugehen
Band 5563

Autoritäre Erziehung ist out. Die antiautoritäre ebenso. Doch was bleibt? Was gilt? Was wirkt? Die Pacher-Methode setzt auf Beziehung. Eltern kommen mit dem Kind ins Gespräch, finden mit ihm gemeinsam Lösungen. Es gibt keine Verlierer, aber klare Regeln und gegenseitigen Respekt.

Gereon Reimann

Lieben – statt verwöhnen

Warum wir Kindern nicht jeden Wunsch erfüllen sollten
Band 5633

Frühzeitig die wahren Wünsche und Bedürfnisse vom Schädlichen unterscheiden! Kindern muss auch etwas zugemutet werden. Zuviel des Guten ist schlecht. Ohne gelegentliches „Nein“ geht es nicht.

Gerlinde Unverzagt/Klaus Hurrelmann

Wenn Kinder immer alles haben wollen

Weniger ist mehr
Band 5631

„Kinder bekommen zu wenig von dem, was sie wirklich brauchen, wenn sie zuviel von dem bekommen, was sie wollen.“ Ein Buch, das Eltern und Erziehern konkrete Wege zeigt.